JN080624

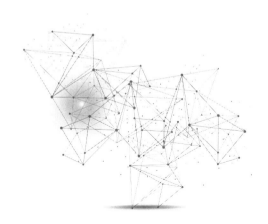

組織変革論
Organizational Change Theory

舟津昌平 著
FUNATSU Shohei

中央経済社

ま え が き

　筆者は2020年４月に京都産業大学経営学部に着任し，１年目から「組織変革論」を担当しました。この担当にあたって，いくつか困ったことが起きました。まず，組織変革論は筆者が着任した2020年に初めてできた講義で，よって踏襲する先例もありませんでした。まっさらな白紙にものを描くような，何もない状態から授業設計をする必要があったのでした。

　また同じ名前の講義は，日本の大学の経営学部やビジネススクールに実はほとんどありません。「経営戦略論」や「経営組織論」はどの大学にもあり，既存の教科書も豊富です。しかし「組織変革論」の「教科書」は，筆者が探した限り日本語では見つかりませんでした。組織変革を扱った書籍に良書はあるものの，学術的に難解である（学部生向けでない）か，カバーする範囲が狭いか，あるいはまとまりがないと感じていました。

　いっぽうで，組織変革への期待と社会的需要はますます高まっています。本書で繰り返し説明するように社会の状況は日々変化し，組織も個人も「今まで通り」でやっていける保証などどこにもありません。組織はいつなんどき，変革を迫られるかわからない。しかし，大事なはずの組織変革を学術的にまとめた「教科書」がないというギャップはたしかに存在します。そのスキマを少しでも埋めることが，本書の大きな目的のひとつです。

　改めまして，本書は「組織変革論」の教科書として執筆されたものです。つまり，大学の学部生の方を読者として想定しています。ただ，社会人や大学院生の方にも「読み物」として楽しんでいただけるよう心がけました。組織変革について学びたい，何か知りたいと思う方の力になれば幸いです。

組織変革の擬似体験

　もうひとつ，2020年４月には特殊な事情がありました。COVID-19の感染拡

大，いわゆるコロナ禍です。大学に着任してすぐに授業が休止になり，5月頃になって対面授業の全面休止とオンライン化が決定しました。まさに大学と教員が変革を迫られたのです。筆者も例外ではなく，前例もなく何もわからないままに悪戦苦闘しながら講義に臨んでいました。

組織変革論は受講生の多い講義で，2020年から本書を執筆した2022年までの3年間で，のべ約1,400名の学生が組織変革論を受講しました。そのほとんどと筆者は直接話したことがないですし顔も知りません。オンラインでしか触れ合えない相手に授業をするのは思ったより難しいことでした。通信教育はこんな感じなのかな，ちょっと違うかな，などと思いつつ，おそらく世界の大学の歴史上起きたことのない状況で講義を3年間進めてきました。

3年間の組織変革論には失敗も多々ありました。コロナ禍の苛立ちもあったのかもしれませんが，特に初年度の授業アンケートには低評価が並び，学生に配慮していない，自己満足でつまらない講義だというお叱りもたびたび受けました。筆者は率直に，そこに「組織変革の擬似体験」を感じていました。

自分たちの落ち度ではない，どうしようもない社会の変化によって変革を余儀なくされ，前例もなく試行錯誤する。私が損をするからこれはやるな，いや外の人が言うからこうやれと，批判だけは組織の内外から積もっていく。変革を担う人々は，自分の苦労が何につながるのか本当に意味があるのかの確信ももてず，ただ組織変革に全力を注がないといけないことだけが決まっている。

筆者は経営者ではないですし，企業とはさまざまな文脈が異なっていますが，授業で扱うために企業の事例を調べまとめるなかで，当事者はこういう気持ちになっていたのかもしれない，などと想像していました。

変革を実践する人へ

本書は，組織変革を理解するための経営学の知識を紹介するのみならず，随所に〈メッセージ〉をおりまぜています。組織変革においてこういうことを考えて，こう捉えてほしいというメッセージです。

経営学が社会科学分野の学問である限り，特定の専門的な知識を与えること

が経営学の第一の目的です。しかし，経営学を学ぶことで「勇気が出る」ことや「心が晴れる」こともあり得ると，筆者は思っています。用語の暗記を超えた，メッセージの理解にも注意をはらってみてください。

　組織や社会が良くなっていくためには，組織変革が必要です。そしてそれは誰かが責任をもってやるものであり，自然となんとなくできてしまうものではありません。しかし同時に，変革を担う「誰か」には困難が多々待ち受けます。割に合わない努力かもしれません。そんな難しい実践の助けに少しでもなれればよいと思って，本書を執筆しました。

　最後になりますが，本書の執筆に関してお世話になった方々にこの場を借りて御礼申し上げます。まず，組織変革論を担当するきっかけとなった京都産業大学，特に経営学部の皆様。同僚そして先輩としてアドバイスをくださった具承桓先生，在間敬子先生，松本和明先生，久保亮一先生，伊吹勇亮先生，具滋承先生（現国際基督教大学），井口衡先生，佐々木利廣先生をはじめとする皆様には，コロナ禍で社会が殺伐とするさなか，温かいご支援を賜りました。

　また，京都大学時代の恩師である椙山泰生先生（現椙山女学園大学）には，特に経営戦略分野に関して本書のヒントとなる示唆を多くいただきました。「同門」である渡部暢先生（現茨城キリスト教大学）には，本書に関してアドバイスを多々いただき，修正を重ねていくことができました。

　そして，のべ約1,400名の（過去の）受講生の方々にも感謝を申し上げます。オンライン講義という特殊な環境下で，不便を伴うコミュニケーションを通じて，講義は段々と改善されました。特に，熱心に質問をしていただいた学生の方には，私自身も気付かされることが多く，大変勉強になりました。

　繰り返すように筆者は受講生のほとんどは顔も知らず，直接話すこともなく，オンライン上でしかやりとりができない状況でした。それらの熱心な学生と筆者は「組織変革論」だけでつながれていた関係で，それは大学教員にとってとても貴重で重要な経験だったとも思います。

　また，本書の執筆に関して，学生の目線からゼミ生の皆様（緋田愛莉さん，

吾郷梨子さん，杉崎出さん，中田恵理子さん，三木多伽羅さん，宮本理夢さん，山本翼さん）にもアドバイスをいただきました。本書は学生との対話によって質を高めた成果であることを，繰り返しですが申し添えておきます。

　出版がかなったのは，ひとえに中央経済社の皆様のおかげです。本書の執筆は，中央経済社の酒井隆氏，阪井あゆみ氏にお声がけいただいたことで実現しました。特に阪井氏には編集にあたり的確なアドバイスを多々賜りつつ，筆者の裁量をつど尊重していただいたことは感謝にたえません。

　最後に，学者としての筆者を支えてくれた両親，家族，甥の巧に，本書を捧げたいと思います。

2023年2月

たまに雪の降る京都にて

舟津　昌平

【第2刷発行にあたって】

　本書は，東京大学をはじめ複数の大学の講義および企業の管理職研修等において，教科書としてご採用いただきました。ご採用いただいた皆様に，この場を借りて御礼申し上げます。

目　　次

VIII

コラム一覧

第 **1** 章

はじめに

なぜ，組織変革論なのか

本章では，組織の変革を考えるうえでの〈前提〉について確認していきます。日々環境が激変し，かつての大企業が苦戦を強いられることも珍しくない現代では，変革の重要性が各所で叫ばれています。実際のところ，組織変革をできなかったことで衰退・消滅した世界的な大企業も珍しくはありません。本章では，変革が求められる時代背景と，現代において変革がどのように捉えられているかについて，みていきます。

1 変革が求められる時代に——実社会からの視点

本書は，「組織変革論」の教科書です。組織変革論はタイトルのとおり〈**組織**〉の〈**変革**〉を主題としています。本書はそういったテーマを扱う授業のテキストとして用いられることを想定して書かれたものです。

〈組織〉は私たちの身の回りにあふれています。皆さんが通っている（いた）大学などの学校も組織ですし，日々買い物をするスーパーやコンビニも組織です。アルバイト先や，部活やサークルもほとんどは組織とよべます。組織はわれわれにとってとても身近で，かつ重要なものです。

そして組織はときに，大きく変わること，つまり〈変革〉を求められます。学校の部活や生徒会など，あるいは社会人の方ならお勤めの企業などで実際に変革に関わった方も少なくないかもしれません。筆者が講義で受講生に問いか

け経験を聞き出したなかでは，次のようなケースが多い印象でした。

　「私が所属する部活（サークル，生徒会）では，大会の成績が大きく落ちて
いたなど，今まで経験したことのない問題に直面しました。こうした問題を
解決するために変革が必要となり，私はリーダーとして部員たちの意識改革
のために話し合いを重ねるなど，変革をしようと試みました。」

　こうしたケースも，もちろん組織変革に含まれます。何か問題が生じても今
まで通りの組織で解決できるなら変革は要りませんし，また組織というのは存
外うまくできていて，組織にすでにある知識を用いれば意外と簡単に問題解決
できることもあります。しかし，未経験の課題に直面したり，組織を大きく変
えないと解決できない問題に遭遇した場合は組織の変革が必要になります。

　特に株式会社や大企業，できたてのベンチャー企業などを含む〈企業組織〉
にとって変革は，部活やサークルのそれとは異なる意味をもちます。企業は私
たちの生活に欠かせない存在です。企業によって生活に必要なものがうみださ
れ，エネルギーや交通といったインフラが機能し，社会は活動を維持できます。
また，多くの人が企業からの報酬で生活しています。「なくても困らない」と
は言えないものです。そして，企業は常に同じことをやり続ければよいわけで
もなく，ときに変革を迫られます。

（1）時代の変化，社会の変化

　たとえば，2020年におきたCOVID-19の感染拡大，いわゆるコロナ禍につい
て考えてみましょう。コロナ禍は私たちのさまざまな活動を変容させました。
一つの例として観光産業があります。日本は2020年に予定されていた東京オリ
ンピックをみすえて，「観光立国」つまり日本に来訪する観光客（インバウン
ド）を拡大する政策をとっていました。その甲斐あってインバウンド数は成長
し続け，2019年には過去最高の約3,188万人を記録します[1]。

　しかし皆さんもご存じのとおり，2020年のコロナ禍で状況は大きく変わりま
す。観光客の出入国が大幅に制限され，結局2020年のインバウンド数は約412

万人となりました。なお，コロナ禍が本格化した 4 月以降のインバウンド数は，約17.6万人でした。

　このような状況下で，たとえば海外旅行を専門とする旅行会社は今まで通りの経営では行き詰まるのは必然です。ここまで極端な状況で，しかも不可抗力の事情ならば仕方ないと考える人もいるかもしれませんが，企業は仕方ないでは済まされない事情もたくさん抱えています。企業は従業員の生活を支える存在ですし，投資家や出資者から預かったお金で経営しているなど，少なくない社会的責任を負っているからです。なにより，自分が今いる会社が潰れるかもしれないという状況で平常通りでいられる人もなかなかいないでしょう。

　このように，**企業は明らかに答えの見えない問題や，経験したことのない苦境に対して「ステイ」を選択することは難しく，何らかのアクションを起こさないといけません。**そういったときに企業は外部から変革を迫られたり，企業内部としても何か変革をせざるを得ないという状況に直面します。

（2）大企業の存亡と変革——事例 1：コダックとGM

　企業はなぜ変革しないといけないのでしょうか。よく挙げられる理由は，変革できなかったことによって滅亡した企業が存在するからです。しかも，有名な大企業も例外ではありません。ここではイーストマンコダック（コダック）とゼネラルモーターズ（GM：General Motors）という企業を例に挙げます。

　どちらもアメリカの企業で，必ずしも皆さんにとって身近でない，「世代」でないためわかりにくいかもしれません。ただ，かつて全世界的に影響をもったという面でも，経営学的にはぜひ知っておいてほしい企業です。現代であえてたとえるなら，コカ・コーラやトヨタのような世界的に知名度のある会社をイメージしてください。

　コダックは1892年にアメリカで創業した企業です。世界で初めてフィルムを販売した企業として知られ，長年オリンピックのメインスポンサーも務めた世界的に有名な大企業でした。オリンピックのように決定的な瞬間を映像に収めることが重要なイベントは自社のかっこうの宣伝媒体であったのです。

　GMは，1908年にアメリカで創業した自動車メーカーです。自動車業界で重要な指標である生産台数の世界上位を長年占め，特に1950-60年代は世界最大の自動車メーカーとして存在感を発揮していました。「キャデラック」や「シボレー」という車を聞いたことがないでしょうか。いずれもGMの製品です。20世紀において世界で最も成長し規模を拡大した業界の代表である自動車産業において，長年世界のトップに君臨した点においても，アメリカの誇るべき企業という名声を得ていました。

　さて，コダックとGMには共通点があります。アメリカ発の企業，世界的な大企業，メーカー（製造業），といった共通点もありますが，組織変革の文脈で特筆すべきは，この2社はどちらも経営破綻しているという点です。コダックは2000年代以降急激に勢いを失い，2012年に破産します。GMは実は1970年代から苦境が始まりつつあり，2009年に倒産してしまいます。

　その後コダックは企業規模を大幅に縮小して再生し，GMは国有化されることによってどちらも「復活」しますが，かつて世界に名をとどろかせる大企業であった面影はもはやありません。なぜ，世界的な大企業であったコダックとGMは経営破綻してしまったのでしょうか。

コダックはいかに変革しなかったか

　コダックが凋落した背景には，2000年代以降のデジタル化技術への移行がありました。フィルムカメラしかなかった時代では，コダックは日本企業の富士フイルムと並んで世界を代表する企業でした。しかし，デジタルカメラの登場によって経営事情は一変します。デジタルカメラはフィルムカメラに比べて撮り直しが容易，撮影可能な上限枚数が大きい，記録媒体が消耗品でないなど利点が多く，ユーザーはデジタルカメラに流れていきます。

　デジタルカメラは，登場してすぐは価格が高く，性能も低く，誰もが使いたがる製品ではありませんでした。しかし技術の飛躍的な進歩に伴い，フィルムカメラはデジタルカメラに徐々に市場を奪われることになります。

　余談ですが，このように最初は未熟で評価の低い新技術が徐々に成長したた

めに既存の技術を駆逐してしまい，既存技術を中心としていた大企業が競争に負けてしまう現象のことを「イノベーションのジレンマ」とよびます。コダックはまさにイノベーションのジレンマに陥った例だともいえます。

このようにコダックにとってのいちばんの脅威は新技術の登場でした。結果的にコダックはデジタル技術への移行が遅れ，日本企業である富士フイルムはデジタル化への移行に成功し現在も生き残っているので，この2社を比較するケーススタディは経営学でもよく題材となります。

ここで少し考えたいのは，コダックは「努力をしなかったのだろうか」という疑問についてです。一般的に「ある企業（個人）が失敗した」ことの原因を，皆さんはどう考えるでしょうか。多くの場合，「努力が足りなかった」「やる気がなかった」「無能であった」などの理由が浮かぶのではないでしょうか。

これは逆に言えば，「努力をすれば」「やる気があれば」「能力があれば」うまくいくと考えているということでもあります。

しかし，コダックはフィルムカメラに関する技術をみれば，世界でトップ，少なくとも一，二を争う水準の能力をもっていました。つまり，コダックの製品の質が落ちたわけではない。コダックは別にサボったわけでも，地位にあぐらをかいて努力を怠ったわけでも，能力が足りなかったわけでもない。内紛を繰り返して自壊したわけでもない。**少なくとも「社内においては」最適な努力をしていた**といえるはずなのです。

コラム｜フィルムカメラの意味的価値

ここまでさらっと「フィルム（カメラ）」という表現を用いましたが，読者の皆さんのうちどれくらいの方が，実際にフィルムカメラをみたことがあるでしょうか。筆者が小学生くらいまでは社会にはほぼフィルムカメラしかない状況でした。「写ルンです」や「フジカラー」といった製品・サービスが主流を占め，写真を現像するために「富士フイルムのお店」に撮影済みのフィルムを持ち込んだりしていました。

もしスマホでしか写真を撮ったことのない方がいれば，この説明がすでにちんぷ

んかんぷんかもしれません。かつて写真とは「フィルム」を使って撮影し，専門の業者さんに持ち込んでプリントアウトしてもらうものだったのです。

　新技術の登場によってフィルムは一度社会から存在感を失います。ところが本書の執筆現在，講義のなかで受講生に訊いてみると「フィルムカメラを知っている」という方が一定数いるのです。実際，家電量販店の店頭でもフィルムカメラは一定のスペースを確保して販売されています。

　なぜ明らかに利便性の低いフィルムカメラが生き残っているのでしょう。理由は昨今の俗語でいえば「エモい」などでしょうか。フィルムはたしかに不便ですが，だからこそその楽しみ方やレトロ感がある，と感じるユーザーが一定数いることで，市場は小さいながらも生存（復活）したのです。

　フィルムの復活の裏には，古くて不便になったことでかえって価値を感じるという逆説があるのです。なお，このように「機能」ではなく「意味」に重点を置いた価値（評価）を「意味的価値」とよびます。ユーザーはただ機能を求めるだけではないのです。

GMはいかに変革しなかったか

　GMについてもみてみましょう。GMの苦境は1970年代から始まっていたと書きました。GMはキャデラックやシボレーのような有名な車をうみだした世界的メーカーで，特に自動車が最も発展した国であるアメリカを代表する企業でした。「アメ車」という表現でピンとくるかもしれません。「角ばったボディに，排気量の多いエンジンを備え，頑丈で大きな車」が，GMそしてアメリカの象徴だったのです。日本でも根強いファンがいます。

　しかしこうした「デカい車」には問題もあります。たとえば燃費が悪いことです。アメ車マニアの方なら「それが良いんだ」と言ったりしますが，大きなボディに排気量の大きいエンジンを積むので燃費が悪い。こうした特徴は，燃料価格が高騰したときに弱点となります。1970年代には「オイルショック」が起き，世界的に小型車の需要が高まります。しかし，「アメ車」を中心に生産していたGMは，この波に乗り遅れてしまいます。

　その後オイルショックが終わりアメリカの景気が好調になると，再び勢いを

とり戻します。ところが2000年代に入ると別の動きが社会で高まります。環境保護運動です。地球温暖化や環境破壊が地球規模の問題だと認識され始めたこの時期に，大量の排気ガスをうみだす自動車は悪者になります。

　そこで自動車業界はハイブリッド車など環境配慮がなされた車種への転換をはかります。2020年，当時の菅義偉首相から「カーボンニュートラル」宣言がなされガソリン車から電気自動車への移行の推進が話題となりますが，似たような動きが2000年代にもあったのです。

　こういった変革の機運に反して，GMは大型乗用車や小型トラックの生産に注力します。ハイブリッド車は，当時は必ずしも利益率が高くはなかったため，「燃費が悪かろうが儲かる車を売る」と判断したと考えられます。また2001年のアメリカ同時多発テロ事件，2007年のサブプライムローン問題など社会不安に伴ってGMは業績を悪化させ，2008年には約77年守り続けた「生産台数世界一」の座から陥落し，2009年には政府に連邦倒産法の適用を申請します。

　GMは，「アメ車の会社」としては間違ってはいないと考えられます。アメ車とよばれる車の生産を拡大することこそがGMに求められるのだとしたら，GMは期待に応え続けたとすらいえます。また，それでも世界で販売台数を伸ばし続けた時代もあったのです。

組織の外で起きること

　コダックとGMに共通しているのは「周囲が変わった」ということです。フィルムカメラや大型車が世界の中心であった時代のなかで，いつしかデジタルカメラやハイブリッド車が登場した。顧客もそちらに流れていった。「時代がそうなっていったのだ」と，事後的には表現できるでしょう。

　コダックやGMが世界トップの座を守るためには何らかの変革が必須だったはずです。自分たちの根幹であった旧技術にどこかで見切りをつけてデジタルカメラやハイブリッド車などの新技術に転進すれば，経営破綻せずに生き残れたかもしれません。逆に，富士フイルムやトヨタといった同業他社のライバルはうまく変革したからこそ生き残れたとも考えられます。

　ここで，本書に一貫する大事な〈命題〉について，確認しましょう。命題とは正確には「真偽が判定できる言明」のことですが，ここでは，「前提として共有しておく事項」くらいに捉えてください。

　組織は，現状維持を続けて同じ努力をはらえば存続できるとは限りません。組織の外ではさまざまなことが目まぐるしく変わるからです。今売れているフィルムカメラや大型車が今後も売れ続けるとは限らないし，環境保護といった自社に直接関係のない事情から変化がもたらされることもあります。

　時代の変化や社会の変化といった組織の外で起きる事象に対応し生き残るために，組織は変革しないといけないことがあります。**組織はときに目まぐるしく変化する外部環境に適応し生き残るために変革を必要とするのです。**

（3）変わらないと生き残れない？

　さて，**組織は生存するために変革する**ということを確認しました。ところで一般的に変革はよいことだとされています。改革，刷新といった類語のニュアンスからもわかるように，変革はよいことだという前提のもと見事に組織を変革した例や変革を主導したリーダーがメディアに登場します。逆に，変革できずに消滅あるいは失墜した組織がいかに問題があったかも，よく話題になります。

　世の中における変革について書かれた本やコラム，メディアの報道でも，基本的には変革が善だという前提で書かれたものが多い印象です。ただし本書では，そういった前提を少し疑って，もう少し深い段階まで変革について考えてみたいと思います。どういうことでしょうか。次のようなケースを考えましょう。

　筆者が住む京都に吉田神社という神社があります。「節分祭」で有名で，節分の時期にはにぎやかなお祭りが開かれます。筆者がその節分祭に行ったときのことでした。節分祭らしいお店として「イワシ屋さん」が出店していました。節分にはイワシを食べる習わしがあるので，焼いたイワシを売るのです。

　そのお店は，ご高齢の方が2人で切り盛りしている様子でした。七輪でイワ

シを焼き，新聞紙でくるんで売っています。1匹200円か300円くらい。私が買おうとしたらおばあさんが「もうお金もらったっけ？」と訊き，300円と書いている札を見て「ああ200円でいいよ」とおっしゃいました。作業はすべて手作業。DXもキャッシュレスも，このお店には関係なさそうでした。

　そのとき，ふと思ったのです。このお店はたぶん何十年も続いているのだろうな。そして，時代の変化も何も関係なく，何か変革しているようにもみえない。でも，生き残っている。つまり**変革をしなくても生き残っている組織も存在する**のです。一見するとすでに述べた命題に対する反例であり，矛盾するようにも思えます。生き残るために変革するのだけど，変革をしなくても生き残る組織もある。

　コダックやGMのような大企業と零細の商店を比べるのがおかしいという意見もあるでしょう。しかしそういった疑問こそが重要なのです。その疑問は，組織は変革をすべき（しないといけない）組織と，すべきでない（する必要がない）組織とに分かれるという考察につながるからです。

　つまり本書では組織変革を考えるうえで，「変革は素晴らしい，どんな組織も変革をしないといけない」と思うところから一歩ふみこんで，変革とは何か，本当に必要なのか，など幅広く思考することをめざします。

2　本書のねらいと構成

　改めて，本書のねらいと構成について確認しましょう。

　組織にとっていかに変革が重要かについて，さまざまなメディアがとりあげています。また実社会に目を向けても，変革をやり遂げて生存し成長している企業もあります。逆に，変革できず滅亡してしまった企業もあります。

　しかし，そのようにヒロイックに変革が語られるなかで忘れられがちなこともあります。まず，**変革は非常に難しい**ということです。自分が変革のリーダーだとして，変革の必要性は明白なのに，自分はこれだけ努力をはらっているのに，部下や周りが変革に全く協力してくれないこともあるかもしれません。

変革への華々しい評価とは裏腹に，実際の変革はとても難しく，困難の待ち受ける地味な作業が多いものです。

　そして，変革がうまくいかない理由も経営学では解明されてきています。変革を手放しに称賛する前にちょっと立ち止まって，なぜ変革はうまくいかないのか，変革を阻害する要因とは何か，についても考えてみましょう。それが，第3章までの主なねらいとなります。

　次の第4章では組織生態学について学びます。この学派は極端にいえば「組織は変革できない」という立場をとる，非常にラディカル（急進的）な考え方をもちます。組織変革論とまるで真逆の立場のように思えますが，逆に組織は変革できないと考える人々の論考を学ぶことで，組織変革への理解はさらに進むはずです。

　続く第5章で経営戦略論およびダイナミックケイパビリティについて学びます。第4章で「組織は変革できない」という立場を紹介するので，それとは対照的な考え方として組織変革をダイレクトに扱ってきた経営戦略論を学ぶというねらいがあります。

　第6章以降は，「変革と○○」というタイトルで，変革と関係の深い概念について紹介していきます。偶数の章で理論的な概念について説明し，奇数の章ではその具体的な例として企業の事例を扱います。

　最後にまとめとして，変革に関わる人へのメッセージを述べるという構成になっています。この教科書での学びを通じて組織変革への理解が促進されるよう，順序だてて変革について考えていきましょう。

注

1　観光庁「訪日外国人旅行者数・出国日本人数」（2023年2月1日）
　　https://www.mlit.go.jp/kankocho/siryou/toukei/in_out.html

第 2 章

組織変革とは何か？
変革する必要があるか？

本章では，組織の定義など経営組織論の基礎について確認します。変革の対象となる組織とはどういうものをさしており，どういう性質をもつのかといったことについて改めて確認することが目的です。加えて，変革はそもそも必要であるのか，誰にとって必要なのかといった，組織変革に関する「そもそも論」をひも解いていきます。組織論と組織変革の基本的な事項について理解することが本章の目標です。

1　組織と環境──経営組織論の基礎

（1）組織とは何か

さっそくですが〈組織〉とは何でしょうか。すべての企業は組織だといえます。では，組織の定義つまり「これを満たしていれば組織だ」といえる条件とは何でしょうか。

ダフト（R. L. Daft）によると組織の成立条件は4つあります。①社会的な「実体」であること，②目標によって駆動されること，③意図的に構成されること，④外部の環境と結びついていること，です。

また経営学の祖ともいわれるバーナード（C. I. Barnard）は，組織の存続要件として①共通目的，②貢献意欲，③コミュニケーション，の3つを挙げてい

ます。このように，代表的な定義が実は一定しておらず，さまざまな定義が存在するのも経営組織論に関する用語の特徴です。

　ここで強調したいのは，「このＡは，組織であるかないか」といった，ある個別の例が組織に当てはまるかどうかの議論ではありません。それも大事ですが，より重要なのは，私たちが組織の変革を考えるうえで念頭に置く**組織とはどのようなものを意味しているのか，そのイメージを共有する**ことが，組織の定義について考える主目的となります。

組織は目的をもつ

　ダフトとバーナードの定義をヒントにしつつ，重要な特徴について確認しておきましょう。ダフトとバーナードに共通するのは，組織は目的／目標をもつということです。

　組織というと，人が集まった集団をさすイメージがあると思います。だとすると仲の良い友達が5人くらい誰かの家に集まっている状態も組織だといえそうです。しかし，そういった集まりには特に目的がないことも多いでしょう。大学のサークルでも，特に目的をもたずに活動するサークルもあるはずです。

　対して組織は明確な目標をもちます。たとえば営利組織としての企業組織に共通する目的は利益を追求することです。お金儲けがすべてではないとはいえ，利益を上げなくてよいと思っている企業組織はあり得ません。このように**組織は共通の目的をもつ**と覚えておきましょう。

組織は意図をもつ

　意図的に構成される，も重要な点です。組織は「なんとなく集まったもの」ではないのです。共通目的を有するがゆえに，特にリーダーは意図を以て組織を構成します。企業であれば，この目的を達成するためにこういったメンバーを集めてこういう戦略を練る，といった意図が常にもたれます。

　部活などの組織でも，全国大会に出場したいといった目標が確立され，それに対してどういったメンバーを集めてどういう練習メニューを組んでいくかと

いったことが意図的に構築されていきます。**組織にはあまねく意図が介在していることも組織の大事な要素です。**

組織は環境と関与しあう

　最後に〈環境〉と結びつくのも大事な要素です。環境とは「環境問題」などの言葉とはやや意味が異なり，「組織の外にあるもの」を環境とよびます。環境は経営学や経営組織論ではきわめて重要視されます。なぜなら環境のあり方が，組織のあり方や場合によっては「生き死に」まで決めてしまうからです。

　第1章のコダックとGMの例を思い出しましょう。どちらの企業も，自分たちが従来してきたことについては高いクオリティを維持し，一貫した方針をもっていました。しかし結果的に，環境の変化が経営破綻の原因となりました。新技術の登場や顧客の志向の変化，社会運動による社会の要求の変容など，自分たちの外で起きることが自分たちの存続にまで影響を及ぼすわけです。これを経営学では**組織は環境の影響を受ける**と表現します。

　本書では，組織の定義を①共通の目的を有し②意図を以て構成され③環境の影響を受けるもの，くらいに整理しましょう。これ以外にも重要な組織の特徴はありますが，おおまかに組織をイメージできれば十分です。なお，組織には営利組織つまり利益を追求する企業と，非営利組織つまり必ずしも利益が第一目標ではない組織に分かれます。特に断りがない限り，本書では企業組織のことをイメージして話を進めます。

（2）環境とは何か

　環境について，もう少し詳しくみましょう。環境とは**組織の外にあり組織に影響をもたらすもの**と定義されます。組織はすべて外部からの影響を受けます。この影響には良いこと（機会）も悪いこと（脅威）も含まれます。たとえば自社の製品を買ってくれる消費者も環境の一部です。消費者が製品を買ってお金を払ってくれることで収益を得て企業が存続するわけですから，消費者は企業にとって生存機会を与えてくれる重要な環境要因だといえます。

　しかし，環境は脅威にもなります。GMのケースでは，消費者側が環境に配慮した車を好み始めた背景がありました。今まで「アメ車」を好んでいた消費者が，燃費を気にしたり環境に配慮した車に乗ったりするようになります。

　企業からすれば「今まで買ってくれていたじゃないか」と理不尽に思うかもしれませんが，消費者が何を買うかはもちろん消費者の自由ですし，消費者の好みが簡単に変わることも，私たちもまた消費者だと考えると容易に想像できます。つまり，環境は組織にとって機会にも脅威にもなりますし，同じ環境要因が機会と脅威の両面をもつこともあるわけです。

一般環境とタスク環境

　環境は「組織の外にあり影響をもたらすもの」と定義されます。これだと，あまりに多くのものを環境だと考えているのでピンとこないかもしれません。そこで次に，具体的にどんなものを環境とよぶのか，どのように分類をしているのかについて確認しましょう。

　図表1のように環境を分類したものを〈環境セクター〉とよびます。

図表1　環境セクターと分類

環境セクター		具体的内容
タスク環境	業界セクター	競争相手，関連業界
	原材料セクター	サプライヤー，製造会社，不動産
	市場セクター	顧客，クライアント，潜在ユーザー
一般環境	人的資源セクター	労働市場，大学，労働組合
	国際セクター	海外企業，海外市場，為替レート
	財務資源セクター	株式市場，銀行，個人投資家
	技術セクター	生産技術，科学，eコマース
	経済セクター	景気変動，投資率，経済状況
	政治・法律セクター	法律および規制，政治的プロセス
	社会文化セクター	消費者運動，環境保護運動，個人の属性

出所：高木（2002）を参考として筆者作成

　環境セクターのうち特に強い影響をもつものを〈**タスク環境**〉とよびます。業界セクター，原材料セクター，市場セクターの3つがタスク環境に分類されます。先ほど挙げた消費者は市場セクターに属します。またそれ以外の環境セクターを〈**一般環境**〉とよびます。なお，人的資源セクターと国際セクターをタスク環境に分類することもあります。

　それぞれ詳細にみると長くなるので割愛しますが，これだけ多くの要素が組織への影響をもつことがわかるかと思います。もちろん場合によっては影響が少ないセクターもあり得ますが，各セクターは多かれ少なかれ組織に影響をもちます。そして組織変革を考えるうえで環境は非常に重要な特徴をもちます。**環境は変化する**ということです。次にタスク環境にフォーカスして，環境の変化をみてみましょう。

（3）環境の変化──競争相手，サプライヤー，顧客

　ここでは3つのタスク環境の変化について，具体例とともに考えましょう。

業界セクター：競争相手の出現

　まず業界セクターです。競争相手は，自社の利益を制限し得る厄介な環境セクターです。余談ですが，「ブラック企業」という表現があります。イメージが先行しすぎており注意して用いるべき言葉ですが，ブラック企業とよばれる企業が多い業界には共通項があります。競争が激しいのです。競争が激化し，まともな利益が出ず，そのしわ寄せが従業員の負担になるのです。

　そしてこの競争相手は，自社の努力に関係なく突然現れることがあります。今や世界的に有名な企業のHonda（本田技研工業株式会社，以下ホンダ）は，1959年に北米のオートバイ市場に進出しました。当時のホンダは，国際的には全く無名の企業でした。ところが「スーパーカブ」などの製品投入を中心としてホンダは独自の戦略を展開し，66年には北米市場で63％ものシェアを奪うことに成功します。

　このホンダの登場を，北米市場の既存企業の目線でみてみましょう。自分た

ちなりに適切に経営し，顧客との関係も良好である。「間違った経営」はしていない。ところが，自分たちの影響が及ばない外国から新興企業が突然やってきてシェアを奪われる。ある意味どうしようもなく相対的な地位が落ち，業績が低下します。競争相手は非常に重要な環境セクターであると同時に，予測もできず自分たちではどうしようもない形で現れることもあるのです。

原材料セクター：供給者の脅威

次に，原材料セクターの代表であるサプライヤーを考えましょう。サプライヤーとは原材料や部品などを供給する業者をさします。サプライヤーは私たち消費者からは見えにくいので，活動内容や重要性が認識しづらいものです。しかし，サプライヤーは企業組織にとって不可欠で，そしてときに大きな脅威をもたらします。

2022年，「半導体不足」のニュースが頻繁に報道されました。半導体は，スマートフォンやパソコンなどにほぼすべて用いられ，IT化の進む現代に不可欠の部品です。この半導体が足りなくなったというのです。日本で特に悪影響がおよんだ業界として自動車業界が挙げられます。具体的な影響としては，新車の納車が最大で3〜4カ月遅れるなどの状況に陥りました。

半導体不足の主要因のひとつが2020年に世界的に蔓延したコロナ禍です。リモートワークや「巣ごもり需要」の増加によって，スマートフォンやパソコン，ゲーム機などの電子機器の需要が増加しました。それらを増産するためには半導体が必要です。需要に対して半導体の供給が追いつかなくなるなか自動車業界は「後回し」にされたという事情があります。

ほかにも原因があります。半導体の約70%は，中国・韓国・台湾・日本などの東アジア地域で生産されます。ところがトランプ政権以降に表面化した米中間での貿易摩擦により，ファーウェイなどの中国企業がアメリカに半導体を輸出できなくなったのです。そこで貿易摩擦のない台湾や韓国への需要がさらに集中し，生産がパンク寸前の状態になっています。

さらに2022年のロシア・ウクライナ問題も影響しています。半導体の主たる

原材料であるネオンおよびパラジウムの主な産出国はロシアとウクライナです。紛争が長期化すればそれらの国から原材料が供給されなくなるので，半導体不足はいっそう進行しかねません。

　このように，**サプライヤーは私たちの目には見えにくいところにありながら多大な影響をおよぼしている**のです。また，コロナ禍，貿易摩擦，国際紛争，いずれもいち組織が関与できない事情でありながら組織に直接的な影響を与えており，非常にコントロールが難しいことがわかります。なお，貿易摩擦や国際紛争もまた，環境セクターの一部です。環境セクターは互いに影響をおよぼし合いながら組織に関与するのです。

市場セクター：顧客のあいまいさ

　最後に市場セクターについて確認しましょう。コダックとGMの例でもふれましたが，顧客つまり自分たちの製品・サービスを買う人々も環境とみなします。顧客は自社の生存のために必須であり，同時にときに脅威をもたらします。ちなみに市場について学ぶ領域を「マーケティング」とよび，消費者行動論など消費者のふるまいにフォーカスした領域もあります。

　組織として存続するためには顧客との関係を良好に保つ必要があります。しかし顧客あるいはその集合体としての市場が「何を考えているのか」は一概に明らかにならない難問です。よく「顧客視点の経営」と言われます。思ったように顧客の意に沿えるならよいのですが，非常に難しいことです。

　難しさの一因は，**顧客は必ずしも自分のことを理解していない**ということにあります。「イノベーション」概念の提唱者であるシュンペーター（J. A. Schumpeter）は，著書でこう述べています。「郵便馬車をいくら連続的に加えても，それによってけっして鉄道をうる（得る）ことはできないであろう」（Schumpeter 1926 p. 180，カッコ内は筆者加筆）。

　まだ鉄道がなかった時代，人は馬車で移動していました。そのような時代に顧客に「どのような製品・サービスがほしいか」と訊いて，どう答えが返ってくるでしょうか。「もっと乗り心地のよい馬車を」「料金を安くしてほしい」と

いった，馬車を改良したり付加価値を加えたりする案は出るでしょうが，「鉄道のようなサービスがほしい」とは誰も答えないと思われます。

しかし実際に鉄道が生まれると，人はみな鉄道を使うようになります。**顧客は，特に未来において自分がどのような意思決定をするかについてほとんど無自覚です。**別に自覚する必要もありません。新しいものが生まれるたび，良いほうにスイッチ（乗り換え）すればよいだけなのですから。顧客は気まぐれでワガママです。しかし組織としては，この気まぐれで捉えがたい顧客をつなぎとめ，あるいは新しく獲得しないといけません。

（4）環境の不確実性

以上，タスク環境である業界セクター・原材料セクター・市場セクターから，特に競争相手・サプライヤー・顧客に注目して組織と環境の関係を確認しました。これらの例から，組織と環境の関係における重要な特徴が見出せます。

まず，環境は組織の行動や意図とは関係なく突然変化することがあります。今までがこうだから未来でもそうである保証はありません。これを〈環境の不確実性〉とよびます。不確実性が高い状況下では，組織は自分たちに影響を与える要素の変化を予測すらできない状況に陥ります。**組織は常に環境の不確実性にさらされているのです。**

またタスク環境の変化は，市場シェアの低減，原材料価格の高騰，生産の中止，売上の低下など組織に直接的に困った影響を与えます。そしてこの逆境でただ傍観していても状況は悪くなるだけなので，組織は何らかの措置を講じないといけなくなります。その措置の重要な手段として変革があるのです。ここまでの組織変革に関わる前提条件となる命題をまとめておきましょう。

組織変革の前提条件

- ◆　組織は常に環境の影響を受ける。
- ◆　環境は不確実であるため，組織への影響が未来においていつ・どのように変化するかは予測が困難であり，コントロールできないことが多い。
- ◆　環境の不確実性と変化に対応するために，組織は変革を必要とする。

　コダックを例にとると，コダックはデジタル技術の出現という技術セクターにおける環境の変化に直面しました。そして，顧客離れという市場セクターに関する問題が表出します。また，株主という財務資源セクターからの抵抗をマネジメントできなかった面もあります。これら環境の変化に対して組織変革ができなかったためコダックは経営破綻に進んでいきます。反対に，デジタル技術への移行という組織変革をはたした富士フイルムは生き残るのです。

　言い換えると，環境の変化がない，あるいは影響が無視できる程度であるならば，組織に変革は必要ないと考えられます。もし現状維持が最適だとわかっているなら現状維持を続ければよいからです。**変革は環境の変化に対応するためにおこなわれる**ことを確認しておきましょう。

コラム｜AKB48は変わってしまった？

　AKB48というアイドルグループがあります。秋元康さんプロデュースで2010年前後に国民的な人気を誇ったグループで，本書の執筆時期に組織変革論を受講した学生さんも，小中学校時代にはまった「世代」だったそうです。

　さて，ある音楽番組を観てSNSで呟いた人がいました。「久々にAKBをテレビで観たけど知らない人ばっかりだ」「もう『AKBじゃない』みたいだ」。この投稿はバズっており，同意した人が多かったと思われます。

　AKB48は「卒業」という名目で定期的にメンバーを入れ替えるのが特徴で，5年もすればかなりのメンバーが変わります。正直なところ人気も勢いも最盛期ほどではなく「もうかつてのAKBじゃない」と思う人が増えたようです。ただ長年の

ファンは「AKBはAKBだ」と思うかもしれません。

「今のAKBはかつてのAKBと同じと言えるか？」これは〈同一性問題〉とよばれます。「○○ちゃんがいなかったらそれはもうAKBじゃない」「いや，秋元康さんがいる限りAKBはAKBだ」……多様な意見があり得るでしょう。

この話は組織変革にも関係があります。「変わっている」ことの定義が変わるなら，変革とみなす対象が変わるからです。少なくとも，何をもって変わったと認定するのかは人によってかなり意見が異なるでしょうし，主観によってでしか語れなさそうです。今のAKBはかつてのAKBと同じでしょうか？　あなたはどう思いますか？

2 変革とは何か──理論からの視点

次に「変革とは何か」について考えましょう。抽象的な話が続いて「何の意味があるのか」と考える人もいるかもしれません。ただ，学問では用語の定義をする必要があります。どういう意味でその言葉を用いるのかについて合意しないと，いくら話を進めても理解ができなかったり，話が合わないせいで空虚な議論をしてしまったりすることになります。特に本章までは，まどろっこしいくらい丁寧に用語の定義をしましょう。

（1）変化と変革の違い

さて，変革とは何でしょうか。直感的なイメージはしやすいと思います。たとえば「自己保身のために消極的な戦略をとってきた経営陣を一掃し，創造的な若手を抜擢する」とか「モチベーションが上がらず離職率が高まっていた職場のルーチンワークやコミュニケーションスタイルを改革し職務満足度を向上させた」であるとか，そういった例が思い浮かびそうです。

前者の「経営陣を一掃して入れ替える」ことを例に考えましょう。これを変革とみなすのであれば，では変革とは何でしょうか。「人を入れ替えること」でしょうか。変革を「組織のメンバーを入れ替えること」と定義するならば，

多くの企業は毎年一定数の社員が定年などで退職し，一定数の社員を新規に採用します。ふつう組織は定期的にメンバーを入れ替えるのです。

　では，この入れ替えは「変革」とよべるでしょうか。新卒採用は変革（の一部）であると言われると，それは違うと思う人が多いのではないでしょうか。

　ポイントは**「変化」と「変革」を区別する**ことです。ある企業で，外国人社員が増加しているとしましょう。これは過去と比べて違った点が見受けられるので変化だといえます。では，これは変革でしょうか。

　さきほど環境は変化するといいました。もし日本に来る外国人留学生が増加していて，その地域には大学や専門学校が多く，かつ留学生が日本での就職を希望しており，結果的にその企業で外国人社員が増加しているというプロセスが存在していれば，それはどちらかといえば外部環境の変化なのであって，組織が自発的に何か変わろうとしたわけではないでしょう。

　いっぽうで，企業が国際化を意識して外国人を重点的に採用していたとすれば，その変化は意図された変化すなわち変革だと考えます。すなわち変革には〈意図〉が伴います。外部環境の変化によって，組織が意図しない変化にみまわれることは変革とは考えません。

　本書では，将来こうなりたいであるとか，こういう目的を達成したいといった**意図の介在**によって**組織にもたらされる変化を変革**とよぶこととします。少し言い方を変えれば，主体性があること，高い志があることが，組織変革にとっての必要条件なのです。

"Change" は変化？　変革？

　ところで，組織変革は英語でいえばorganization changeです。transformationなども意味はわかりますが学術用語としてはあまり使われません。そしてchangeは変化とも変革とも訳せるので，実はこの境界は曖昧で，区別せずに使われることも多いことに注意してください。

　また「変化とは何か」についても詳説すべきでしょうが，非常に時間がかかるうえにきわめて難題であるため，本書では割愛します。キーワードは19頁の

コラム「AKB48は変わってしまった？」で述べた「同一性問題」にあります。

（2）何が変われば変革なのか

　もうひとつ「何を」変えることが変革なのかについても考えましょう。ある企業がオフィスを移転したとします。今の社屋が老朽化していたので思い切って新しいビルに移転した。これは「意図を伴った変化」ですが，変革とよべるでしょうか。

　広い意味で捉えれば，組織の「構成要素」を何か変えていれば変革だとみなすことができます。オフィスの場所も組織の構成要素ですから，オフィスの移転は組織変革です。ただし，その意図については考えないといけません。また，組織変革とは組織の「すべて」ではなく一部を変えることを意味します。**変革しても変わらない部分はある**のです。

　狭い意味では，組織変革とは組織の〈構造〉あるいは〈文化〉を変革することだと考えます。組織構造とは，「組織図」という名称で表されるような**組織内の指揮命令系統と分業のあり方を明示化したもの**です。部署を新設したり，統廃合したりすることは組織構造の変革の代表例です。構造という言葉はやや理解が難しいものの，頻繁に使われるので覚えておいてください。

　また，組織文化の変革も組織変革の代表例です。文化とは，おもに目に見えないかたちで**組織で共有される規範や慣習**です。「雰囲気」や「空気」と似たニュアンスです。目に見えづらく数字にしづらいのが（困った）特徴ですが，組織文化はときに組織の生存に大きく関わります。オフィスの例でも「オフィスを変えて空気を一新し先進的な組織文化をつくりたい」という意図があったならば，オフィスの移転は組織文化の変革に含まれると解釈できます。

　なお〈事業の定義〉つまり自社の事業に関する自己定義や，「顧客範囲」つまり自社のターゲット顧客の質に関する変革も組織変革として重要です。しかし，事業の定義や顧客範囲は組織の構造にも文化にも含まれません。ただ多くの場合，それらの変革に伴って何らかのかたちで組織構造を変革するので，間接的には事業の定義や顧客範囲の変革も組織変革に含まれると考えてよいで

しょう。

　以上から，変革とは何かについてまとめます。どんなものを組織変革だと扱うのかについてイメージを膨らませ，理解しておきましょう。

組織変革の定義

- ◆　変革とは広義には組織の構成要素を，狭義には組織の構造あるいは文化を変化させることを意味する。
- ◆　変革は環境との整合性をとりながらおこなわれる。
- ◆　変革には組織による意図が伴う。変化じたいは変革ではなく，意図の伴った変化を変革とよぶ。
- ◆　変革の目的は，組織が生存あるいは成長することにある。

3　変革は必要であるか──主体からの視点

　もう一つ変革について考えたいことがあります。**本当に変革は必要であるのか，だとすれば誰にとって必要なのか**という点です。組織変革論なんて授業で，なぜわざわざそんなことを考える必要があるのでしょうか。

　変革は，組織が生き残るために必要だと確認しました。また組織が華麗に変革をはたした場合，変革を主導したリーダーがメディアで英雄的にとりあげられたりします。変革は「よいこと」だから必要なのだとすると，異を唱えるのはおかしなことにも思えます。

　受講生にアンケートをとっても「変革は大事であると感じた」「自分も変革に関わっていきたい」という意見は，数多く見られます。では，このように好意的にとりあげられ，皆が大事で必要だと思うならば，変革は社会で成功的に数多くおこなわれているでしょうか。

　組織が変革することはとても難しくさまざまな困難が待ち受けます。詳しく

は第4章でとりあげますが，「組織は変革などできない」と考える学者すらおり，かつ経営学において一定の存在感を発揮するほど支持されています。「変革は大事で必要だ」という一般の声と「変革は難しく実際にはなされない」という声は一見して矛盾するように思えます。このギャップを埋めるために，変革について〈主体〉に注目して考えてみるのがこの節の目的です。

（1）社会にとっての組織変革

改めて「組織変革は必要か」という問いについて考えましょう。かつここでは「誰にとって」必要かという主体の違いに注目します。

経営学では主体の区分として**社会・組織・個人**という分け方がよく用いられます。それぞれの分析単位の違いによって，同じ事象でも見え方や価値判断が異なることがあります。

まず，組織変革が「社会にとって」必要なのかについて考えます。組織変革の目的は組織の生存や成長なので，「組織の生存や成長が社会にとってどういう意味をもつのか」という問いに換言できます。

コダックやGMの経営破綻はアメリカ社会には大きな衝撃だったでしょう。特にGMはアメリカ企業の象徴だったので，動揺した人が多ければ社会不安につながり得ますし，社会不安は景気や金融にも影響を与えます。また，破綻によって失業者が生じることは社会にとっては明らかにマイナスです。反対に，組織が成長し存続すると雇用の拡大・維持につながりますし，社会にとってはよいことだといえます。

コダックはなぜ変革しなかった（できなかった）か

では，組織変革は社会にとって必要で，なされるべきことでしょうか。実は一概にそう言い切ることはできません。

たとえば，コダックの破綻の背景にあった「社会との関係」について考えます。コダックは，デジタル技術に移行できずに業績を落とし破綻したという見方が一般的です。しかし，実はデジタルカメラ（のコア技術）を世界で初めて

開発したのはコダックであることはあまり知られていません。つまりデジタル技術に見向きもせずフィルムカメラに固執したわけではないのです。

　世界的に早い段階でデジタル技術の開発に着手したコダックが，なぜデジタル技術への移行に後れをとったのでしょうか。一説には株主価値への配慮といわれています。企業の経営に関与し発言権をもつのは経営者つまり組織の中の人々だけではなく，株式会社においては株主も一定の発言権をもちます。株主が一番興味をもつのは企業の株価です。よって株主は企業の株価がより上がるように（下がらないように）企業に意見します。

　コダックの経営陣が「現在はフィルムカメラが好調であるが，今後はデジタル技術に徐々に移行したい」と説明したとき，株主は賛同するでしょうか。おそらく多くの株主はこう言います。「今これだけ売れているのに，なぜそんなことをする必要があるのか」。**変革はリスクを伴います**。株主はコダックが失敗して株価が下がったら嫌なので変革のための戦略に否定的になるということが，実際のコダックでも起きたといわれています。

　でも変革せずに業績が落ちて株価が下がったら株主も困るのでは，と思った人もいるかもしれません。もちろん株主は損をしますが，損をする前に株を売ればよいとも考えられます。つまり株主にとってみれば，投資している企業にわざわざリスクをとって変革をしてもらう必要はない。現状維持で良い。もし変革せずに株価が下がりそうになれば，そのときは株を売ってしまえばよい。このように考えることができます。

　こうした意思決定をどのように感じるかは別として理屈は通っています。なお，株主の権力が強まり株主が企業の意思決定をしているような状況の資本主義を〈**株主資本主義**〉といいます。アメリカは株主資本主義が強い国であるといわれており，日本にも徐々に浸透しています。

社会にとっての組織

　そもそもここでいう社会とは何でしょうか。**社会とは〈ステークホルダー〉の束である**といえます。ステークホルダーとは利害関係者のことです。株主は

じめ，政府，地域住民，顧客すべてステークホルダーですし，従業員など組織の中の人々もステークホルダーとみなします。**組織には利害関係者がたくさんいて，その集合を社会とよぶと考えてください。**

社会にとって，ある組織が変革するかは，実はどちらでもよいか否定的になることすらあります。もちろんステークホルダーは多様であり意見もさまざまなので，反対の割合を定量的に表すことは難しく，結局はケースバイケースです。しかし，ステークホルダーが常に協力的に賛同するとは限りません。

すでに述べたように株主は必ずしも変革に賛同しませんし，現状維持を望む株主もいるでしょう。顧客はどうでしょうか。顧客もまた，一般的には積極的な変革を望みません。その企業が気に食わなければ，わざわざ変革を求めそこに助力をするよりも別の気に入った企業を探すほうが早いでしょう。やはり「代わりがいる」つまり**代替可能性がある**ことが大きく影響するのです。

GMは最終的に国家の援助を受け実質的に国営企業として再生しました。国の助けを受ける場合は税金が用いられます。窮地に陥った企業が国の力を借りて変革したい場合，そこに税金が投入されることを人々はどれだけ許容するでしょうか。ときには強い反発が生まれるかもしれません。

GMはアメリカの象徴的企業であり多くの雇用を抱えていたこともあって，支援には社会的影響が加味されたでしょう。しかし，社会にとって代替手段がある場合，つまりその組織がなくなっても社会には大きなダメージがないと判断される場合は，変革を求められず消滅すべきとみなされることもあります。

ゾンビ企業という表現があります。事実上破綻しているにもかかわらず金融機関や政府の支援によって存続している「だけ」の企業をさします。ゾンビ企業になるくらいなら，早く消滅して他の新興企業が成長するのに期待すべきだという考え方は筋が通っているように思えます。

まとめると，社会にはさまざまなステークホルダーが存在し，利害関係も一概に規定できません。しかしステークホルダーからすれば組織がわざわざリスクをとって変革することを許容するとは限りません。

場合によっては，消滅したほうが社会にとって好都合とみなされることすら

あります。死にかけた既存企業よりも今後成長する新興企業に投資するほうが社会としては正しいという考え方です。このように考えると，組織変革は社会にとって必要だと言える一般性がないように思えます。

（2）個人にとっての組織変革

次に〈個人〉について考えましょう。個人とは組織に属するメンバーを意味します。従業員もまたステークホルダーの一部なのですが，ふつう従業員を含む組織の構成員は「外」ではなく「中」から組織と関わります。組織構成員にとって組織変革はどう捉えられるでしょうか。好意的に感じられるでしょうか。これもまた「そうとは限らない」といえます。

コダックを例にとりましょう。コダックの従業員が，デジタル技術への移行という方針を知ったらどう感じるでしょうか。従業員は「フィルムカメラの」コダックに愛着や誇りをもっているかもしれません。アメリカでも有数の歴史ある大企業なのだから当たり前です。「フィルムカメラで世界一のわれわれが，なぜそんなことをしないといけないのか」と思うでしょう。

個人は組織に何を感じるか

組織に対して感じる自意識を〈組織アイデンティティ〉といいます。ときに従業員は組織と同化した自意識をもちます。コダックといえばフィルムだと従業員は思っており，そのためにコダックをわざわざ選んで入社したという人もいるでしょう。組織アイデンティティが強く働くことで，変革に対して反発意識が強まることすらあるのです。

あるいは組織に対して危機意識をもつ従業員がいたとします。このままでは業績を落とすか，最悪の場合消滅してしまう。そういう危機感をもったときにどうするか。「主体的に変革に関わるべきだ」と思う方もいるでしょう。

しかしもちろん組織によりますが，従業員が組織を変革する権限をもつことは通常はありません。いわゆるボトムアップが上手い組織であれば，従業員の意見をくみとって上層部が変革を試みるというシナリオもあり得ます。しかし

組織は大きくなればなるほど縦のヒエラルキーを強く働かせます。いち従業員の意見を組織全体の方針に反映することは相当に難しいでしょう。

となると，従業員の危機感が簡単に変革につながるとは思えません。個人の意向と組織の都合が異なっている。だとすれば次に従業員が考える選択肢は「組織の移動」でしょう。つまり今の組織から離脱して他の組織に所属するということです。企業組織の場合は転職することになります。

つまり，**組織のメンバーからすれば，組織に変革を求め自身も関与するよりも離脱するほうが得（楽）である**といえます。高い地位にない従業員はもちろん，ある程度の地位のメンバーにも当てはまります。現代日本では「人材の流動性」つまり人々が転職する頻度が高まっています。流動性の高い社会においては，手間がかかり実現するかもわからない組織変革にわざわざ関与するより，さっさと別の組織に移ったほうが合理的であるとすらいえるのです。

なお清水（2022）は，興味深い知見を提供しています。組織の「寿命」つまり未来においてどれくらい生き残るかと，個人の「時間展望」つまり未来の見通しが相関するというのです。社会が不安定で組織がすぐに潰れたりするとき，個人はそもそも組織に期待せず，依存度が下がり他組織への移動が頻繁になっていく。個人がどうキャリアを展望するかは，社会の状況にも左右されるのです。

4 変革は誰のために

このように考えると，社会にとっても個人にとっても，組織変革には「必然性」がないように思えてきます。キーワードは，**代替可能性**および**スイッチングコスト**です。意思決定者が「今のままでいい」と現状維持を選べば，組織は変革されません。その意思決定者が株主であれば，ときに組織の内部の意向に関わりなく変革の是非が決まってしまいます。

社会にとって，ある組織がわざわざ変革する価値を見出すのはむしろ珍しいとすらいえるかもしれません。ある組織が仮になくなってしまっても，代わり

が存在する限り変革をしてまで存続してほしいとは別に思わないでしょう。**代わりの存在が組織の存続の可否を決定してしまうのです。**

　組織のなかの個人にしても，変革に関与する労力は大きいですし，変革が実現するとも限りません。ならば組織変革にこだわるより他の組織に移るほうがてっとり早いといえます。

　組織を移るコスト，つまりスイッチングコストが高くないのであれば，変革に関わるより移ったほうがよいと判断されます。つまり**組織に代わりが利く限り，あるいはスイッチする（移り変える）ことのコストがそこまで高くない限り，社会や個人にとって組織変革の必要性など生じない**といえるのです。

組織変革は必要であるか

- ◆　社会という視点でみれば，組織変革に肯定的でないステークホルダーが存在する。
- ◆　個人の視点でみれば，組織を移動する選択肢があることで組織変革に同調しない可能性がある。
- ◆　どちらも代替可能性とスイッチングコストがポイントである。つまり，組織に代わりが存在して移動するコストが高くないならば，組織変革を必要とはしない。

（1）変革と組織コミットメント

　では組織変革とは誰のためのものなのでしょう。結論を先取りすれば，**組織変革とは「その組織から離れ（られ）ないことが決まっている組織内部の人物」が，変革しないといけないという意思をもって企図するものなのです。**

　変革の可否が組織の代替可能性とスイッチングコストで決まるのであれば，それでもなお組織変革を実行したいと思う人は，その組織から離れない人だと考えられます。具体的には組織の創業者などが挙げられます。自分がつくった

会社なので強い愛着や執着をもっていて，何としてでも組織を生き残らせたいと思っていて，だから変革をする。こういった理屈です。

　換言すれば〈組織コミットメント〉の強い人が組織変革を決断し主導するといえます。その組織のために尽力したいと思っていて，組織を離れる選択肢が存在せず，組織を残して繁栄させたいと心から思う人こそが組織変革に関与する〈必然性〉をもった人だといえます。

　つまり先ほど述べた問い，「本当に変革は必要であるのか，だとすれば誰にとって必要であるのか」について，本書では次のように答えます。「**組織変革は，それが必要であると強く思い，組織変革に対して高いモチベーションをもつ人にとって必要である**」。そしてそのような人の特徴として，組織に強くコミットしておりコストを払う覚悟があるといった性質が挙げられます。

　組織変革は，万人にとって大事であるとか，誰にとっても必要であるとか，そのように言えるものではけっしてありません。**組織変革とは，それが必要だと確信し，組織のために労力をさしだす人のための手段**なのです。

（2）外延的イメージを疑う

　当たり前といえば当たり前の結論のために，えらく複雑な長ったらしい議論をしました。「組織変革論」の教科書であるにもかかわらず，組織変革に否定的なことも述べたので不思議に思った人もいるかもしれません。

　ここまで変革の必要性に紙幅を割いた一番の理由は，本書には**組織変革を絵空事で終わらせない**ねらいがあるからです。すでに何度か述べたように，組織変革はときに称賛されもてはやされます。既存の組織変革に関する書籍も，組織変革が無条件に素晴らしく，絶対にすべきであるかのように書かれたものが珍しくはありません。

　しかし理解すべきは，**変革が必要ないと言い切る人も世の中にはたくさんいる**ということなのです。組織変革など必要ない，どうでもいい。あるいは変革に反対する。こういった人々の存在は第4章で詳説する組織慣性の一因となります。そしてそういった無関心や反対は，その人の立場や損得を考えれば十分

に理解もできます。

　そうした現実を知らずして，あるいは見て見ぬふりをして「組織変革は重要だ，正しい」と言ってみても，実際の組織変革には何の役にも立たないように思われます。組織変革について，独り歩きした外延的イメージとその現実とのギャップが大きければ，組織変革がいくら大事だと論じてみても，空虚な主張になってしまうでしょう。

　組織変革は，けっして手放しで称賛されるようなものでも，満場一致で賛同を得られて進むものでもないと考えられます。主観的な〈**固有の理由**〉によって，意思をもった人によって，たとえ反対があろうと進めないといけないようなものとして，本書では組織変革を捉えます。

学習のポイント

- 組織と環境の定義について確認し，具体的にどんなものを意味するかイメージしてみましょう。
- 組織変革の定義について確認し，具体的にどんなものを意味するかイメージしてみましょう。
- 今まであなたの身の回りに起きた組織変革を思い出して，あなたがどのように関与したか，ふりかえってみましょう。

|引用・参考文献

Barnard, C. I. 1938. *The Functions of the Executive,* Harvard University Press.（山本安次郎・田杉競・飯野春樹訳『新訳 経営者の役割』ダイヤモンド社，1968年）

Daft, R. L. 2001. *Essentials of Organization Theory and Design.* South-Western College Publishing.（高木晴夫訳『組織の経営学―戦略と意思決定を支える』ダイヤモンド社，2002年）

Pascale, R. T. 1984. "Perspectives on Strategy: The Real Story Behind Honda's Success." *California Management Review,* 26(3), 47-72.

Schumpeter, J. A. 1926. *Theorie der Wirtschaftlichen Entwicklung,* 2. Aufl.（塩野谷祐一・中山伊知郎・東畑精一訳『経済発展の理論（上）』岩波書店，1977年）

清水剛「組織の寿命と未来の時間展望」『組織科学』第56巻 1 号，2022年，4-16頁。

第 **3** 章

さまざまな変革

本章では，変革の「バリエーション」について学びます。世の中はときに理論が想定するより複雑で，これははたして変革とよべる（よぶべき）だろうか，と思うような現象も珍しくありません。頭の体操もかねて「色々な変革」について考えをめぐらせてみましょう。

1 変革と成功バイアス

第2章では，組織変革の必要性について詳しく考えました。その際，組織変革にはどうもポジティブなイメージがつきまとっている，という話がちらほら出てきました。なぜ組織変革にはそういったイメージがあるのでしょうか。

（1）成功バイアス

結論を言ってしまえば，世の中で変革とみなされるものの多くは，**結果的に成功したものをさしている**からです。つまり，変革がなされた組織のうち成功したものだけがピックアップされ，いかに優れた戦略が存在したか，感動するような努力があったかが語られるのです。成功例だけをとりあげて価値判断しているという意味で，こういった偏りを〈**成功バイアス**〉とよびます。

第5章で扱う概念にコアコンピタンスとダイナミックケイパビリティという概念があります。コンピタンス（competence）もケイパビリティ（capability）

も「能力」と訳すことができます。ところで英単語を英語で解説する辞書である「英英辞典」によると，competenceとは "the ability to do something well" だそうです[1]。capabilityは "the ability to do something" です。

前者は「何かをうまくする能力」，後者は「何かをする能力」と訳せます。この2つを比較するとわかりやすいかと思うのですが，前者は明らかに成功を前提とした能力です。いうなれば「速く走ることができる能力」がコンピタンスで，「走ることができる能力」がケイパビリティだといえます。

これを変革に当てはめましょう。もし組織変革を「組織をうまく変化させること」と定義したら，どうなるでしょうか。結果として成功した組織ばかりが対象となります。おそらく世の中で組織変革がもてはやされる理由は，意識するかしないかにかかわらず変革の定義に「うまく変化させること」を加えてしまっているからだと思われます。

（2）同義反復

それの何が問題なのでしょうか。一番の問題は，そのように変革を捉えると**「結果的にうまくいかなかった組織変革」**と**「変革をしなかったがうまくいった組織」**を見逃してしまうことにあります。

「組織をうまくいかせるには，変革が重要だ」と主張する人がいるとします。そして変革とは「組織をうまく変えること」だとします。これら2つを統合すると「組織をうまくいかせるには，組織をうまく変えることが重要だ」という主張になります。これを，実質的に同じ意味内容のことを繰り返す**同義反復**（トートロジー）といいます。

同義反復の問題点は，**同義反復的な主張はあまり役に立たない**ことにあります。なぜうちのチームは勝てないのかを考えて「勝てる選手がいないからだ」「勝てる選手がいれば勝てる」という結論に達しても実際に勝てるようにはなりません。なぜ今いる選手たちが勝てないのか，勝てる選手を育てるにはどうしたらよいのかなどを考えて，問題の所在を明らかにしないといけません。

にもかかわらず，組織変革の議論はどうしても同義反復に陥ります。本書も

できるだけ成功バイアスを取り除くよう努めますが，随所に同義反復が出現するでしょう。経営学は（企業）組織の成功要因を探る側面があるため，どうしても成功バイアスや同義反復が起きます。本書を読む皆さんも，自分の思考が同義反復に陥っていないか冷静にみつめる習慣をつけてください。

2 失敗した変革，変革なき成功

さて，同義反復の問題点の一つは，失敗した変革や変革しなくても成功した例を見逃してしまうことにあると述べました。この点について，詳しく考えてみましょう。理解の促進のために簡単な図表をつくってみました。

図表2　組織変革の分類

	変革した	変革しなかった（できなかった）
成功した	①変革をして成功 ✓ 変革の代表例とされる ✓ メディアなどでとりあげられ，変革の模範となる	②変革なき成功 ✓ 変革を論じるうえでは無視されやすい ✓ 第4章で詳説
失敗した	③変革をして失敗 ✓ 多くの場合，無視されている ✓ ひどい場合は「変革をしなかった」「それは変革とよばない」といわれる	④変革なき失敗 ✓ 変革の正当性を支持する反例として挙げられる ✓ コダックやGMはここに分類できる

出所：筆者作成

変革の「する・しない」，「成功・失敗」で，組織変革を4種類に分けます。組織変革というと多くは①のみを想定すると考えられます。またその反面，④のような例を挙げ，いかに組織変革が重要であるかが喧伝されます。一般的な組織変革では，①のように変革して成功したケースと④のように変革せずに失敗したケースとが注目され，②や③が看過される傾向にあるのです。

なぜ②や③を見過ごすのがいけないのでしょうか。組織変革はもちろん「う

まくいく」ことをめざして実行されます。成功と失敗にはどこかで分岐点が存在し，結果的にうまくいくケースとそうでないケースが生まれます。このとき両者を比較すれば，組織変革にとって大事なことがより明瞭になるでしょう。

しかし②を知らずして①だけをみてしまった場合，①の組織で起きたことのすべてが良いことのように思えてきます。これもまた，成功バイアスの一種です。たとえば，①のケースでカリスマ的なリーダーが活躍したので，組織変革にはカリスマ的なリーダーが必要だと考えたとします。

ところが，同様にカリスマ的なリーダーが主導したにもかかわらず失敗した組織変革があったとすれば，別の要因を考えたり，カリスマ的なリーダーとは何であるか再考したり，より深い分析が必要となります。このような比較や分析を経て「**より正しい知見**」が得られるようになるのです。

また，③の存在は，実は組織変革の意義を揺るがし得ます。第1章で「イワシ屋さん」の例を挙げました。組織変革の究極的な目的は組織の生存にあると本書では考えますが，もし変革せずとも生存できるのであれば，変革はいち手段でしかなくなります。「変革をしないと生き残れない」とはとても言えません。そして次章で詳説するように，実は変革は生存のために必要ではない，あるいは変革じたいがかなり難しいと考える人々もいます。

こうした分析から重層的に知見を得ることは現実の組織変革にも寄与します。メディアや本に影響され①のようなヒロイックな変革に憧れるだけでは，実際に組織変革をなすことはできないでしょう。

変革できなかったことで破滅した組織があることを知りながら（④），変革をしようとして失敗した例を学び（③），変革は生存のためのいち手段である（でしかない）ことを理解し（②），実際に成功を導く変革とはどのようなものか考える（①）。こうしたプロセスによって，**現実の組織変革に寄与する有用な知見に近づける**はずです。

3 事例から理解を深める

　この章では組織変革をいくつかに類型化し，それぞれの意義について確認することで組織変革への理解を深めることをめざします。その類型化の重要な軸となるのが〈成功〉と〈失敗〉です。

　そしてこの節ではさらに深掘りして「そもそも成功や失敗とは何なのか」について考えます。しつこいほど色々深く考えることに嫌気がさした人もいるかもしれません。なぜそんなことまで考えるのかというと，**組織変革に実際に携わった人は，自分のなしたことが成功だったのか失敗だったのか思い悩むはず**だからです。そのような苦悩を疑似体験すべく，具体的な企業の事例についてみてみましょう。

（1）世界最古の企業は「生存」できたのか？
──事例２：金剛組

　金剛組という企業をご存じでしょうか[2]。大阪市にある，寺社の建築を営む企業です。金剛組は「世界最古の企業」として有名です。創業は578年。日本書紀などにも記述されている企業で，帝国データバンクや東京商工リサーチなどの著名な調査会社にも「古さ」が認定されています。

　歴史的にみると，聖徳太子の命令でつくられた大阪の四天王寺の建立に関わったのが創業のきっかけでした。戦国時代の1576年や，大坂冬の陣があった1614年の四天王寺焼失などのたびに再建を担ってきたのが金剛組です。単に創業が古いだけでなく，日本の歴史をつくってきた企業だといえます。2005〜06年に髙松建設に吸収されますが，それまでは「金剛一族」による独立をたもってきた企業です。

金剛組の経営の特徴

　1400年以上生存した組織というのはきわめて稀少です。生存の根拠となる要

素は何だったのでしょうか。

　まず，江戸時代までは四天王寺の「お抱え」だったことは見逃せません。四天王寺もまた由緒ある寺院で，幕府の保護を受ける対象でした。比較的恵まれた地位を約束された寺社の傘下にあったため安定した活動ができたのです。つまり**江戸時代までの金剛組は安定した環境下にあり，変革の必要が生じる場面が少なかった**といえます。

　特筆すべきは明治以降でしょう。後述するように事実上四天王寺の庇護がなくなり，企業として営利を求める必要が生じたなかで，金剛組は独自の経営をおこないます。

　たとえば技術面では，職人集団としての「組」を組織内に複数もっていました。戦後までは4つ，以降は8つの組があり，それぞれ高い独立性をもち独自の技術を発展させます。互いに「技術では負けない」という職人らしい気持ちをもちやすくする，つまり競争意識を高める仕組みです。

　同時に，現場では一緒に作業をするので協調が必要となります。社員同士の〈競争と協調〉の両立をめざした組織構造であるといえます。

　また，事業承継も柔軟におこなってきました。金剛組のような伝統的で技術色の強い専門家集団では，男性の長子による承継が当たり前です。しかし江戸時代から必要であれば長男以外が承継したこともわかっています。後述するように女性が承継したこともありました。伝統を守ることが重要な組織でありながら，生存のために柔軟な意思決定をしてきたといえるでしょう。

▌金剛組の危機

　しかし金剛組の歴史において，変革をせまられる危機が何度かありました。たとえば1868年の「神仏分離令」です。それまで金剛組は四天王寺の「お抱え宮大工」で，かつ四天王寺は江戸幕府のバックアップを受けていたので，四天王寺から安定した報酬（扶持米）が得られていました。

　ところが明治政府になってから四天王寺が寺領を失ったことで，金剛組は「独立採算」をせまられます。このとき，四天王寺だけでなく他の寺社の仕事

も請け負うようになりました。**外部環境の変化に伴って顧客範囲を広げた**（広げざるを得なかった）わけです。

また，第二次世界大戦前後にも危機が訪れます。金剛組は企業なのでトップは「社長」「経営者」です。しかし，同時に宮大工の集まりでもあるので，トップは「棟梁」とよばれます。特に金剛組のなかでは，トップは社長というより棟梁とみなされてきたでしょう。金剛組には「商売する組織」と「大工の集団」という2つの側面があり，伝統的に後者の色彩が強かったのです。

そのなかで37代目の治一氏は大工としてのアイデンティティが強く，経営，特に営業が苦手だったようです。専門性の高い企業は専門職としての側面と営利企業としての側面に複雑性（両立し難い軋轢）が生じやすいとされます。

この複雑性に悩まされた治一氏は，1932年に自ら命を絶ってしまうのです。社長が急逝するという危機において妻のよしえ氏が初の女性棟梁として38代目に就任します。第二次世界大戦前後は戦乱もあって金剛組のみならず多くの企業が危機にみまわれますが，金剛組はなんとか生存します。

1955年には株式会社となります。基本的に木造のみでつくられてきた寺社が，防災などを理由に鉄筋コンクリートに変わろうとしていた時期にいち早く「コンクリートでありながら木造にみえる」建築工法を開発するなど，経営・技術の両面で変革に成功していきました。工事を手がけた寺院が1995年の阪神大震災でも大きな被害を受けずに残るなど，金剛組は木造建築の耐震技術にいち早く興味を示し，先駆けて技術開発してきました。

しかし寺社の建築は市場が小さく，今後成長することが望み薄な業界であったこともあり，しだいに窮状に陥ります。結果としてはバブル期における「顧客範囲の拡大」が決定的な危機をまねきます。

いわゆるバブル期は地価と建設需要が高騰した時期でした。不動産投機が活発化し，いくら地価を上げても買い手がつくので，投機対象としてマンションが数多く建設されました。そのような建設需要の高まりに合わせて，金剛組もマンションやオフィスビルの工事を受注するようになります。

ところがバブルの崩壊後，建設需要が急落します。金剛組は，バブル後も売

上を維持するために赤字でも工事を受注してしまいます。結局その負債を返せずにじわじわと経営状況が悪化していきます。そして，2005年に建設大手の髙松建設が全額出資することで，事実上髙松建設の傘下に入ります。

髙松建設傘下での変革

金剛組を傘下におさめた髙松建設は，建設会社という括りでいえば同業であるものの寺社建築は営んでおらず，その意味で競合ではありませんでした。企業間の交流もなかったようです。そのような状況でなぜ髙松建設は金剛組を救済したのでしょうか。

当時の髙松孝育会長が「金剛組をつぶすのは，大阪の同業者として恥や」と発言したように，歴史ある金剛組を救うという営利以外の論理が働いたことがうかがえます。金剛組にとっては，企業の歴史が窮地で自分の身を助けたともいえるでしょう。

2006年1月には髙松建設の副社長であった小川完二氏が社長に就任します。**資金のみならず，経営実務においても髙松建設によるテコ入れがおこなわれた**のです。柔軟な承継をしてきた金剛組にとっても非同族の経営者になるのは初めての経験でした。逆にいえば，それまで約1440年にわたって同族経営を維持してきたのです。ちなみに，小川氏は金融機関から転職してきた財務のプロで，建設については元々ほぼ専門知識がない方だったそうです。

経営の不在と経営改革

当時の金剛組の問題は端的にいうと「**経営の不在**」でした。高い技術力を誇りながら苦境に陥る企業にはありがちだといわれます。たとえば，良いものをつくるためにときに採算を度外視して素材を購入してしまう。営利的な視点からコスト管理をするという発想が後回しになっていたのです。

また，取締役会もほとんど開かれていませんでした。つまり経営戦略が議論されていなかったのです。本書を読まれる方はほとんどが経営学を学ばれているはずなので意外に感じるかもしれませんが，経営戦略という概念を意識して

いる企業ばかりとは限りません。特に，比較的小規模で同族経営をしてきた企業では，良く言えば議論するまでもなく意思疎通がとれていて，悪く言えばなあなあの状況も珍しくはありません。

　金剛組も同様だったようです。小川社長の方針に対する反発の一つに「なんで，こんなに儲かっていないんだ」と社員が怒ったことがあったそうです。社員が自社の経営状況，特に財務を理解しておらず無知であるということが起きていたのです。これに対する小川社長の方針は「原点回帰」でした。つまり，金剛組が最も強みのある寺社建築に事業を絞ることを決めます。

　そのため，マンション建設などの仕事は以降の受注をすべて禁止しました。また財務上重要な変革として素材購入と工期遵守の二本立てのコスト管理を徹底します。仕入れ（値）が適切なのか管理し，工期は絶対に守る。どちらも，取引先との長年の付き合いもあって「なあなあ」になりがちなことです。それを，経営状況を改善するために守ることを徹底します。

　「神聖な仕事をしているのだから，儲けるなんて言わないでくれ」という声もあったようですが，これらの経営努力が結局は金剛組のためだという論理が理解されたこともあり，2014年には宮大工の離職者を一切出さずに黒字転換し，ようやく経営再建がはたされたといえる状態になりました。

経営学からみる事例の解釈

　金剛組の事例を経営学的な観点から解釈しましょう。まずこの事例には〈変革の失敗〉が見受けられます。身売りまでの金剛組は図表2における③の「失敗した変革」に類します。寺社建築という，時代の流れから成長が期待できない事業を営む金剛組が成長するためには，顧客範囲を拡大すべきと当時の金剛組は考えました。特にバブル景気を背景に異常な好況にあったマンション建設への参入は「成長市場に進出する」という面だけみれば正しい判断です。

　しかし同時に，組織は常に**外部環境と組織内部の整合性を求める必要があり**ます。マンション建設が急成長市場でも自社がそれに向いた技術や資源をもつとは限りません。金剛組は外部環境の変化につられてリスクの高い変革を図っ

たといえます。新事業への参入や支店の新設など規模の拡大は中小企業にとってリスクの高い意思決定です。好機にこそ危機がある，経営の難しさがわかる例であり，金剛組はまさにその罠にはまってしまいました。

　金剛組の変革の失敗に対して，高松建設が買収後に行った変革は図表2の①のお手本のような〈変革の成功〉だと考えられます。とはいえ，経営学のセオリーからすれば，全く新しいことをしているわけではありません。むしろ教科書的な経営改善を愚直に丁寧におこなった結果だといえます。

　まず，自社の内部事情に合わない事業から撤退する〈リストラクチャリング〉をおこないました。リストラという略語から従業員の解雇だと思われることも多いですが，本来は「構造再編」つまり組織構造を変革することをさします。リストラクチャリングは組織変革の一種です。具体的にはマンション建設などの事業はすべて禁止し，寺社関連の事業に絞ることを決めました。

　コスト管理はさすが財務出身の小川社長という手腕ですが，手法が斬新であるとか創造的なやり方をあみだしたというわけではなさそうです。むしろ，既存の金剛組になかった手法をなぜ実行するのかという意義を既存の社員に理解してもらうことが，より重要でかつ難しい経営課題でした。**変革は最初は理解が得られないこともあるため，社内の理解を得ていくことが必須である**のです。

　このように，高松建設の組織変革は変革のお手本といえるものでした。図表2の①と③が両方含まれることからしても，本章の前半部の理解が促進されたでしょう。

　また，「技術（専門性）と経営（営利の追求）」の両立という面でも示唆的な事例です。「日本の会社は技術力があるのに活かせていない」という声を聞くことがあります。経営を改善すればその技術はもっと輝けるという，経営の可能性を感じさせる事例とも解釈できます。

金剛組は「生存」したのか？

　もう一つ，本事例で考えておきたい重要な論点があります。組織変革の目的が〈生存〉にあるとすれば，金剛組は結局生存できたといえるのか？　という

問いです。金剛組は1400年以上存続しながらも経営が悪化し，最後は高松建設という同業他社に買収されてしまいます。

　はたして他の企業に買収され子会社化することは〈生存〉だとみなしてよいのでしょうか。なおこの問いは，**一概に答えが見出せないような問いである**ことを先にことわっておきます。

　議論が複雑になりかねませんが，いくつかの事実を確認しておきます。会社法上の「株式会社」としての金剛組は2008年にはなくなったことになります。金剛組を株式会社としてのみ捉えるなら，（十分長生きですが）53歳で「亡くなった」ことになるのです。また，小川氏の社長就任によって「同族企業」としての金剛組も2006年には終焉します。

　2013年には39代目の金剛利隆氏が，宮大工の後継者不在のまま亡くなり「大工の棟梁筋」としての金剛家はこのとき途絶えたといえます。なお2020年時点の金剛組には41代目の当主にあたる人物が事務スタッフとして在籍しておられるそうです。金剛組にはまだ「金剛さん」がいらっしゃるわけですが，経営には関与されていません。そして高松建設傘下としての金剛組はまだ生存していますが，独立した企業としての金剛組はもう生存していません。

　これらの事実から，「金剛組は生き残ったといえるだろうか？」と訊かれて，どう答えが導けるでしょうか。議論をすればおそらく意見が分かれると思われます。実際に出そうな意見を図表3にまとめました。

　この図表の左右を見比べたとき，どちらを支持するかもさることながら「どちらもそれなりに理由がある」と思った人は多いのではないでしょうか。どういった視点に立つかによって金剛組の〈生存〉つまり変革が成功したのか失敗したのかという判断が分かれてしまうのです。

組織の成果を測る基準

　重要なのは**成功か失敗かという判断は何らかの基準を決めないとくだせない**ことです。そして組織の成果を測る基準は，おそらく皆さんが思うよりも多様に存在します。図表3に挙がっているだけでも「コア事業あるいはコア技術」

図表3　金剛組は生存したといえるのか？

生存できている派の意見	生存できていない派の意見
・金剛組のコア事業およびコア技術である寺社建築は一貫して存続している ・当時の髙松建設会長や地域住民などステークホルダーは，金剛組が存続したと認識している ・金剛組のアイデンティティ（高い技術力で寺社を建築する）は一貫して存続している	・株式会社としての金剛組は破綻しており，存続できていない ・同族経営が途絶えている。創業者一族が経営をおこなっていない ・他社の傘下で経営をおこなっており，独立性が保てていない ・金剛組のアイデンティティ（飛鳥時代から一族で代々承継している）は継続できていない

出所：筆者作成

「アイデンティティ」「ステークホルダーの認知」「法律上の解釈」「同族経営」「経営の独立性」と，基準といえるものが多数出現しています。

　重要業績評価指標（KPI, Key Performance Indicator）とよばれるものがあります。経営の成功・失敗を定量的に評価したい場合は〈KPI〉を設定し，それによって成否の判断をします。ステークホルダーにもわかりやすいので，現代の企業経営ではますます重視されており，KPIは経営の基準として浸透しつつあります。

　気をつけるとすれば，KPIとなる指標は数多くあっても，どうしても少数のKPIのみに注意が偏ること，短期の成果に注目が偏ることは弱点となります。もっともこれはKPIの弱点というよりKPIを用いる人間側の弱点ですが。

　組織の成果は意思決定をなした人々の〈主観〉によって判断するしかない場合もあります。子会社化したことで「わが社の歴史は終わった」と感じる人もいれば，「わが社の魂は生きている」と考える人もいるでしょう。**成功と失敗の境界はきわめて曖昧で，どこかに基準を置かないと明確に決められないもの**なのです。

　〈アイデンティティ〉が図表3の左右両方に入っているのは筆者の意図的なものです。アイデンティティとは，簡単にいえば「自分たちは何をしている，何者であるか」という自己認識を意味します。自己認識として「高い技術で寺

社を建築し伝統を守ることこそ金剛組」と思っているならアイデンティティは保たれているし，「金剛一族が飛鳥時代から継承してきた組織こそ金剛組」と思うなら金剛組のアイデンティティは崩壊しているわけです。

▍生存すらも多様である

　最後にこのケースからは，**組織が生存する手段は多様である**ことがうかがえます。生存という表現じたい，組織を生き物のように扱っていることに由来するものです。実は生き物が生きているか死んでいるかもわりと判断が難しいかもしれませんが，組織の場合はより複雑です。

　「ゾンビ企業」のように死んだも同然で生存している企業もあれば，子会社化という〈転生〉によって生存することもあります。今の金剛組は黒字で推移しており，転生して健康に生きています。コダックやGMのように〈再生〉することもあり得ます。現在の東芝のように部門ごとに違う会社に買われて「バラバラになるが生き残る」こともあるのです。組織という存在のフレキシブルな側面がわかる事例かもしれません。

ディスカッションポイント

- ●　「変革の失敗」と「変革の成功」の要点をまとめて，比べてみましょう。
- ●　組織の成功/失敗を測る基準はどのようなものがあるか，何がふさわしいのか確認し，議論してみましょう。
- ●　組織の〈生存〉は，実はいろんなバリエーションがあります。どこまでを生存とよぶべきか，議論してみましょう。

（2）変革「したふり」は変革なのか？
──事例3：シャープ

　次に，シャープ株式会社（以下，シャープ）の事例について学びます[3]。

シャープがいかに組織変革をしたのか（あるいはしなかったのか）という視点
から読んでみてください。なおこの事例は，組織変革に関する教訓がつまって
おり，また日本の代表的企業の成功と失敗を両方描いたものです。本書をすべ
て読んでから再度立ち戻って考える価値のあるケースです。

シャープの液晶前史

　シャープは1912年に創業した企業です。創業者の早川徳次氏が「独自の技
術」にこだわり，技術に定評のある企業として発展しました。戦前には，ベル
トのバックルを主とした金属加工，社名の由来となったシャープペンシル，ラ
ジオなど，さまざまな領域で革新的なものづくりを実現したメーカーです。戦
後以降は家電事業を主力とし，1962年には日本の家電メーカーとして初めて電
子レンジを開発するなど独自性を発揮します。

　ただ戦後日本の同業他社では松下電器産業（現在のパナソニック）とソニー
が圧倒的な優位にあり，シャープは相対的に劣位を強いられていました。その
シャープが一躍発展したきっかけが，電卓の開発でした。カシオらと繰り広げ
た「電卓戦争」においてシャープは1969年にLSI（大規模集積回路）搭載の電
卓，1973年に液晶を搭載した電卓を開発します。どちらも世界初の製品でした。

　またシャープは電卓戦争に前後して，LSI，液晶，太陽電池の3つをコア技
術として発展させます。1970年には社名を早川電機工業から今のシャープに変
更し「シャープの技術は先進的で世界レベルだ」という印象を残します。特に
液晶はその後もシャープの看板製品・看板技術であり続け，ビデオカメラや小
型情報端末など液晶を搭載した新製品をヒットさせていきます。

　ただし事業比率では液晶が突出していたわけではありません。2000年度の
データによると全社売上約2兆円のうちLSIなどの半導体事業が約4,000億円
（20%），ブラウン管のテレビやMDプレーヤーなどが約3,000億円（15%）であ
り，液晶ディスプレイは約3,000億円（15%），携帯電話やPCなどの応用製品を
含めても約3,500億円程度（17.5%）でした。

　これらはシャープが自ら公開した値ではなく推計値を含むものの，さまざま

な事業をバランスよく展開していたことがわかります。

液晶への集中戦略と業界の動き

　高い技術力を背景にさまざまな事業をバランスよく展開していたシャープにとっての変革の契機が，1998年の町田勝彦氏の社長就任でした。町田氏は，シャープはブランド力がないという危機意識のもと「これがシャープだ」という看板を改めてうちだそうとします。そこで選ばれたのが液晶だったのです。

　さきほど「ブラウン管のテレビ」という表現がありました。何のことかわからない世代の方もいるかもしれませんが，古いテレビはブラウン管という技術を用いていました。「箱型のテレビ」をみたことがあればそれがブラウン管テレビです。対して液晶を用いたテレビが「薄型テレビ」です。

　町田氏が就任した98年は，液晶テレビはまだ市場としてかなり未発達の段階で，つまりほとんど普及していませんでした。2011年の「完全地デジ化」への移行に合わせ徐々に液晶テレビが普及するとはいえ，2000年前後はまだ**ブラウン管テレビと液晶テレビが混在する技術の移行期**にありました。

　この社会的な流れつまり環境の変化に対して，町田氏は変革の意思を強気に示します。「2005年までに国内で作るテレビは全部液晶に変える」と発言するなど，今後需要が増える薄型テレビの液晶に注力するというのです。シャープにとっては，ブラウン管テレビのコア技術であるブラウン管を他社から買っているという事情もありました。自社の強みである液晶を活かしたテレビに集中し，**要素技術（液晶）から製品（テレビ）までを自製する「垂直統合」の構想を表明した**ともいえます。

　具体的な表れとして，三重の多気工場と奈良の天理工場への大規模投資が挙げられます。2000～01年度の2年間で，多気工場に約700億円，天理工場に約460億円が投資されました。この間の全社における総設備投資額が3,050億円なので，液晶生産への投資は実に約38％にのぼります。それまでの事業比率を考えても液晶事業への傾倒は明らかです。

　ただ，製造しても売れなければ意味がありません。この生産の増強に対して

どのように市場を獲得したのでしょうか。液晶の主力市場と目されたのが国内テレビ市場でした。今や浸透したブランドの「AQUOS」は2001年に第1号機が発売されます。テレビの他にも携帯電話，PCモニター，小型ゲーム機のディスプレイなど成長市場にある製品がターゲットでした。**成長市場を見抜き注力する点においては，シャープは的確に環境の変化を読んでいた**といえます。

事実として，シャープは2000年代初めの液晶事業において華々しい成果を挙げます。2001年度は世界の液晶テレビ市場においてなんと80%のシェアを得ます。まだまだブラウン管テレビが多数派であり，静観したメーカーが多いなかで思い切った投資をしたのがシャープだけだったことも影響しました。ソニーや東芝ら有力な競合が参入した翌年も50%のシェアを確保します。

いっぽう，世界に目を向けると，液晶業界で台頭したのは韓国・台湾系のメーカーでした。それまでほぼ日本企業しかいなかった液晶業界にそれらのアジア系メーカーが参入し，2001年には液晶パネル産業（テレビでないことに注意してください）の国別シェアが日本・韓国・台湾でほぼ3分の1ずつとなります。さらに技術の進化と参入企業の増加で価格がどんどん低下します。

ただこうした環境の変化，主には負の変化にもかかわらずシャープは液晶事業での〈成功〉を維持します。先行者として技術をリードし続けたこと，テレビに注力して差別化していたことなどが要因です。

さらなる強気の戦略

そして町田氏が率いるシャープは，さらに設備投資を推進します。2002年初頭，三重の亀山に工場をつくるため約1,000億円を投資することを発表したのです。この投資は最終的に約1,500億円に膨れ上がります。既存投資によってある程度の結果を残していたにもかかわらず，さらに大型投資をおこなった意図は「競争に徹底的に勝つ」ことにありました。

海外企業が参入し競争が激化する市場において，シャープは生産能力で他社を上回ろうとしたのです。垂直統合・内製の能力をさらに増強する，既存の路線を強化する戦略です。コストが削減できる海外生産ではなく国内工場にこだ

わった背景には「日本の産業空洞化を食い止める」，つまり国内で雇用をうみ
だすという単一企業の利害を超えた志もあったようです。

　この亀山工場への投資も当初は成功を収めます。生産可能なパネルサイズも
生産能力も世界最大規模に成長したのです。他国メーカーとの競争が激化する
なか液晶テレビ市場では国内で50%，世界で25%のシェアを維持します。亀山
工場はシャープの成功の象徴とされ「世界の亀山モデル」というフレーズも定
着しました。

　しかし競争環境はさらに激化します。2003〜04年はブラウン管テレビから液
晶テレビへの置き換えはまだ数パーセントしか進んでおらず，液晶テレビは世
界的にみても成長市場でした。競争は激しいもののつくれば売れる状況だった
ため，生産能力を上げるための投資合戦が起きます。シャープの亀山工場に追
随するように，S-LCDやサムスンといった企業が同規模の工場を設立していき
ました。

　S-LCDはサムスンとソニーの合弁企業です（2012年に「サムスンディスプレ
イ」に統合され消滅）。シャープが独立独歩で内製を推進するなか，競合同士
で手を組む企業も現れ始めたのでした。

止まらない投資と成長

　順調な成果を挙げていたシャープは徐々に苦境に陥ります。特に投資合戦に
なった以降はサムスンやLGといった海外メーカーに規模で劣るのが実情でし
た。そこで2004年頃，液晶テレビから「液晶パネルの出荷シェア」に目標を転
換します。

　「完成品」であるテレビは生産規模や流通の勝負になります。しかし規模で
はサムスンやLG，流通ではソニーに勝てないと判断したのです。そこでシャー
プの強みである技術力を活かすため，テレビ用の部品である液晶パネルに注力
する方針に戦略を転換したのでした。

　この戦略の転換においてもシャープは強気の投資姿勢を崩しません。亀山に
第2工場の建設を決めたのです。また大規模投資を支えるため積極的に銀行か

ら借り入れをします。企業規模で劣る競合他社に負けないよう，どんどん借り入れをしては設備に投資することを繰り返しました。

　きわめつきは，2007年に大阪の堺に総額4,000億円の新工場を設立する計画を発表したことです。高価格帯のテレビに注力していたシャープは，高級テレビの大型パネルが生産できる大工場をつくろうとしたのです。町田社長は，若手の頃から目をかけていた片山幹雄氏を社長に抜擢し，自身はシャープとして初の会長職に就きながら二人三脚で堺工場新設計画を推進します。

　片山・町田体制になって最初の2007年度の決算では，シャープ史上最高の売上高・利益を上げます。完成品の液晶テレビと他社に販売する外販液晶パネルが売上の約6割を占め，液晶がメインの部品となる携帯電話を含めれば売上の8割弱が液晶関連事業となっていました。**売上という基準だけでいえば，町田政権以降のシャープは過去最高の成功をたたき出していました。**

成長と投資のリスク

　液晶テレビの価格がどんどん低下するなか，シャープは売上の維持のために高価格路線をとります。この戦略は，他社との差別化を意識したともいえますし，流れに乗り遅れたともいえます（この区別が事後的な結果に左右されると，同義反復的な経営学になってしまいます）。

　この時期のシャープは，一見すると売上や利益が毎年最高を更新している成長期にみえます。しかし**一度成長が止まればたちまち破綻の危機に陥る，きわめてリスクの高い財務戦略をとっていた**のでした。

競争環境の激化と変化

　他方で，競争環境はさらに厳しいものになっていました。国内市場シェアに重点を置いたことで2005年には世界シェアトップから陥落します。2007年時点で液晶テレビの国内シェアは1位（約40%）だったものの，世界シェアではサムスン，ソニー，フィリップスに続く4位（約10%）まで落ち，国内市場への依存は明らかでした。

　元々価格の低下が続いていた液晶テレビ業界にとってさらに衝撃だったのは，アメリカのベンチャー企業であるVIZIO社の登場です。VIZIOはシャープと対照的に，生産設備を一切もたない「ファブレス」企業でした。

　VIZIOは設計・製造をすべて外注し販売・マーケティングのみおこなう手法によって，北米でシェアを伸ばします。VIZIOが過去にない低価格で液晶テレビを販売したことで，業界として低価格化がさらに進みます。

　液晶テレビはもはや「高価な高付加価値製品」ではなく「安い価格で数を売る製品」になっていたのでした。この時期になると競合他社は内製つまりパネルの自社生産を諦める方向でしたが，シャープは内製を続けました。

組織変革への着手

　こうした状況を受けてシャープは2つの組織変革を模索します。まず，**液晶テレビへの注力を止め外販パネルに集中する戦略への転換**です。液晶テレビはもはや高価格帯で売れる製品ではなくなっていました。いわゆる過剰品質（オーバークオリティ），つまり顧客が満足する以上の品質を過剰に求めてしまい顧客との不整合が起きる現象が起きていたのです。当時のシャープをはじめとして，日本のものづくり企業に顕著な傾向だと批判される性質です。

　しかし，過剰品質問題では日本企業の高品質化ばかり話題になるのですが，新興企業の品質向上は見逃せません。つまり**過剰品質問題で核心となるのは，日本企業の過剰品質より韓国・台湾メーカーの品質向上**なのです。

　特にサムスンは政府から国家ぐるみの支援を受け，日本人技術者の引き抜きなどによって急速なスピードで技術をキャッチアップします。日本のブランドにあぐらをかいて新興企業の成長を低く見積もるのは，当時の日本全体の傾向だったはずです。

　また2つ目の組織変革として，それまでやってこなかった他社との連携を検討し始めます。内製にこだわっていたシャープは，それまで自社で生産した液晶パネルのほとんどを自社の液晶テレビに用いていました。しかし，過剰ともいえるほどの生産能力を抱えた状況で液晶テレビ事業を縮小したため，余った

パネルを買ってくれる相手が必要になったのです。

2007年には国内企業のパイオニアおよび東芝との提携がまとまり，2008年にはソニーとも契約を結びます。ただしソニーとの協働については，後述する景気悪化によって実現しないまま終わります。

外部環境の悪化から破綻へ

シャープが組織変革を進めるさなかの2008年，世界的な経済不況がおきます。いわゆるリーマンショックです。リーマンショックが与えた影響は甚大で，シャープも例外ではありませんでした。2009年3月期には上場して以来初めて損失を計上します。

財務状況の悪化を受け，シャープは肥大した生産体制にとうとう手をつけます。工場のたび重なる新設で必要性が薄まった多気工場・天理工場を閉鎖し，さらに亀山工場の一部を売却する方針が表明されます。「世界の亀山モデル」としてシャープの象徴であった亀山工場を一部でも手放すという事態は，シャープの苦境を表しています。

問題は，総額3,800億円を投じた堺工場の扱いです。経済不況で生産能力を整理せざるを得ない状況で堺工場をどうするか。海外で生産して海外で販売する「地産地消」が合理的であり，特に成長市場であった中国での地産地消を進めるべきという論理は片山社長も理解していました。

他方でシャープは，堺工場についてそのまま稼働の計画を進める決断をくだし，2009年10月に予定通り堺工場が活動を開始します。

また，2009〜10年には一時的な事業機会が訪れます。2009年に環境に配慮した製品の購入に助成金を支払う「家電エコポイント制度」が開始され，また2011年にアナログ放送を完全停止し地上デジタル放送に移行する「地デジ化」が発表され，国内における液晶テレビ需要が一時的に急増します。

国内テレビ業界で高いシェアをもつシャープには追い風となり，2年間は一時的に経営指標が良化します。ただしこの機会は政府による一時的なもので，必ずしもシャープの経営努力によって得られた機会ではありませんでした。

　そして，シャープが決定的にダメージを負ったのが2011年の東日本大震災でした。震災によって大きく景気が後退し，国内市場に頼っていたシャープに大きな需要減がふりかかりました。震災後の 4 月には亀山第 2 工場と堺工場の一時稼働停止が決定します。すでに述べたようにシャープの生産能力は負債ありきで稼働していた側面があり，2012年 3 月期決算で**最終赤字3,760億円を計上したことで一気に経営破綻の水準まで財務状況が悪化した**のです。

　この苦境において片山社長が引責辞任し，奥田隆司氏が新社長に就任します。そして**奥田氏がうちだした戦略は，やはり既存の路線通り液晶パネルの生産を中核に据えた**ものでした。液晶パネルの生産の維持は変えずに，他社と差別化できる独自の技術をもとに海外市場に進出する構想を奥田氏は表明します。

　すでにシャープは経営危機にあったものの，再建計画書と引きかえに主要金融機関からの融資をとりつけ，タブーとしてきた人員整理を62年ぶりに断行するなど，積極的にリストラクチャリングをおこないます。

　ただ，リストラクチャリングによってコスト削減はできても，さらなる成長要因がない限りシャープの苦境は変わりません。競争優位性をもつ技術や製品が登場しないまま2012年度も純損失を5,453億円計上し，さらに倒産が現実的なものとなります。

　そして奥田社長が退任し，液晶事業と関係の薄い白物家電事業出身の髙橋興三氏が社長に就任します。**髙橋社長が発信したアニュアルレポートには，それまでの町田〜奥田政権時に頻繁に用いられた「オンリーワン」「独自デバイス」「垂直統合」といった単語は用いられませんでした。**

　髙橋社長はその後2016年まで再建に奔走しますが，結果的には自力での再生に至らず2016年に台湾企業の鴻海精密工業に買収されます。かつて世界的に存在感のあった日本の電機メーカーが外資資本の傘下になるのは初めてのことでした。なお鴻海傘下でシャープは徐々に経営状況を改善させ，2017年には東証 1 部に復帰し，以降はプラスの営業利益を継続しています。

改めて，シャープの組織変革とは

ここまでシャープの，特に液晶事業をめぐる組織変革について事例をみてきました。目まぐるしく環境が変化することに加え細かい話が多く，混乱した方もいるかもしれません。

なお，事例2で学んだことはこの事例3でも適用できる箇所が多いので，そちらも確認してみてください。たとえば，成功と失敗をいかに語るか。生産能力に関する組織変革によってシャープは自社史上最大の売上と営業利益をたたき出すことに成功します。しかしこの生産能力の肥大は最終的に経営悪化にもつながりました。**成功と失敗は表裏一体に共存し得るもの**です。

またシャープは金剛組と同じく，最後は買収されて他企業の傘下に入ってしまいますが，その後経営の改善をはたします。組織変革と成功・失敗，あるいは生存との関係はやはり複雑であると言わざるを得ません。

さて，本事例のややこしさの一因は「液晶事業」という言葉にあります。液晶事業に内包される意味が複数あるのです。部品としての液晶パネル事業なのか完成品としての液晶テレビ事業なのか。液晶テレビ事業の場合，どこまで自社で生産・製造・販売するか。内製しない場合はどのように外部組織（他社）と連携するのか。そして進出するのは国内市場なのか海外市場なのか。

こういった細かい区分けが存在し，かつシャープは時期によって注力するエリアを頻繁に変えたので把握がややこしくなっているのです。

変革として標榜されたもの，隠されたもの

ここで，シャープの変革を追った中川ほか（2014）は鋭い指摘をしています。**シャープは，実は中核となる液晶の生産能力増強についてはほとんど変革せず，反面「近傍領域」においては頻繁に変革していた**という指摘です。

シャープにとって一番変えたくない中核は「**国内で**」「**液晶パネルを**」「**内製する**」ことであり，この戦略だけは髙橋社長への交代まで一貫して変更されませんでした。多気・天理工場への投資に始まり亀山工場への巨大投資，さらに

状況が悪化しても堺工場の開設を止めなかったことから明らかです。

　そして同時に「近傍領域」つまり液晶事業の中で何をするのかに関しては比較的頻繁に変革がなされました。それらの変革は環境の変化を適切に読みとった結果の，理に適ったものでした。環境の変化を根拠として，正当な理由付けをおこない，戦略を修正して変革することに関しては，シャープは教科書通りの経営をしていたといえるでしょう。

　これは終わったからわかる結果論ですが，**結果的にシャープを苦境においこんだのは，生産能力を上げるための工場への投資に伴う負債**でした。ファブレス企業であるVIZIO社のような「持たない経営」がリスクを抑えて発展したのと対照的です。苦境にあった当時，シャープの再生のために組織変革の焦点とすべきだったのは液晶パネルの生産だったのです。

　ところが町田社長から奥田社長までの期間は，液晶パネルの生産については変革をおこなわず（生産を「増やす」ことも「変革」では，というのはさておき），環境の変化にもかかわらず，むしろ生産を増強する戦略がとられました。

　最も中核となる部分は変革しないことが先に決まっていて，環境の変化との整合性をとるために経営者らにとって比較的優先度の低い部分での変革を頻繁におこなった，これが最終的にシャープを身売りに追い込んだ組織変革の実態ではなかったかというのです。

「本当の」変革とは何か？

　まず最初のポイントです。これは〈変革〉とよべるのでしょうか？　シャープの経営陣がただ静観していただけでないことは明らかです。複雑にかつ急進的に変化する環境に対して，さまざまにあり方を模索し変革をうちだしました。

　しかし中核的なところは変革せず，場合によっては隠れ蓑にするために「変革したふり」をしていたと解釈することはできます。そのような**「変革したふり」は変革とよべるのでしょうか**。よんでいいのでしょうか。

　生産能力の拡大によって売上と営業利益が成長し続けたため，その側面をきりとるとシャープの変革は成功でした。しかし財務的にみると，一度苦境に陥

ると取り返せないほどリスクの高い投資をしていました。結果，リーマンショックと東日本大震災という外部環境の変化がシャープの経営に決定的に打撃を与えました。

　ただ，環境の変化が決定打になったから組織変革は無力だとは言えません。災害や景気変動などのリスク要因は常に組織を襲う脅威になり得るからこそ，変化に備えてリスクヘッジをすることも生存の重要な手段になります。

　シャープの投資は短期的には華々しい成果を挙げたもののあまりにリスクに対して無防備であり，もし震災や経済恐慌がなくとも何らかの要因で早晩危機は訪れていたでしょう。組織変革の最終目的が〈生存〉にあると考えるならば，シャープの組織変革は長期的に存続するという観点からみて問題があるものでした。

答えは「藪の中」

　次なる論点は，町田社長ら経営者の意図です。シャープが破綻寸前まで追い込まれ身売りした経緯から，町田社長ら3名の経営陣を責める声は少なくありません。批判的な意見をあえてまとめると「液晶に固執し過ぎた。個人のこだわりを会社に代弁させた」「他の事業をおろそかにした。特に社長就任前の主力事業だった半導体を放置した」「町田社長は退任後，慣例を守らずに会長になった。権力を握り続けたかったのだ」といったものが挙げられます。

　いずれも個人の資質を疑問視する意見ですが，経営者はそれだけの責任を負う立場でもあるので，個人が責められることは仕方なくもあります。同時に，これらの指摘が本当に妥当なのかは緻密に考えるべきです。

　「個人のこだわりが会社に投影されていた」とはいえ，カリスマ的リーダーのこだわりこそが会社を動かすともいえるはずです。松下幸之助氏や本田宗一郎氏，稲盛和夫氏，スティーブ・ジョブズ氏らはみな，とことんこだわりぬいた個人の経営哲学をそのまま会社に反映させた人々です。

　町田氏が権力を握り続けたという点にしても，比較的若い年齢で社長になった片山氏をバックアップするためにあえて退いたとすれば，それなりの理由が

あります。**結局のところ経営は結果がすべてで，結果しだいでいかようにも評価できる**ということは，事例分析においては肝に銘じないといけません。

　議論できそうなのは，では経営陣らは「液晶生産集中戦略」の危険性をどこまで認識していたのかという点です。もし，それらを認識していながら液晶に集中したのであれば失策と言わざるを得ません。しかし，事後的にしかとても予想できなかったとすれば経営者を責めることはできないでしょう（ただし，私たちがそれらの失敗から学ぶことはできます）。

　シャープの事例からは，経営や変革においては**経営者の〈認知〉という主観的で曖昧なものが強力に作用する**ことがわかります。液晶の生産に認知を集中させたからシャープは傾いた。では，その認知はいかに修正できるでしょうか。もし自分が当事者であれば，自分ならどうやって〈認知のゆがみ〉を矯正し，正しい方向をみすえることができるのでしょうか。

　芥川龍之介の『藪の中』という小説があります。ある同一の事象に対して関係者の証言が食い違い，結局真相がわからないという物語です。組織変革の失敗にも同じことが起きます。シャープの経営陣がいかなる認知だったのかはっきりとはわかりません。

　心から組織の発展を願い，疑問をもたずに液晶の生産に集中したのかもしれません。数値を分析し，客観指標を信じて意思決定したかもしれません。個人の欲望に似たような感覚から世界トップシェアという快感に酔っていたのかもしれません。勝手に推測するなら，どれもあるのだと思います。

　経営者の認知がどうであったのか明確に判別することは難しく，また議論のうえでそれを確定させることは必須ではありません。重要なのは，**ときに他者からは判断しづらい主観的な認知が経営においては重要で，それが組織変革を駆動していく**ということです。

変革は誰のために？

　最後に，変革を「アピール」するということにふれておきましょう。シャープの失敗の原因は，中核にふれずに周縁的に変革したことだとまとめました。

この「周縁的な変革」が何のためにおこなわれたのかという問題です。

変革は主にアニュアルレポートなどの公式文書や雑誌インタビュー, 会見などでアピールされました。つまりシャープの経営陣は変革をステークホルダーにアピールする意図をもっていたのです。シャープの指標が成長し続けているという事実に, 変革というアピールがともなえば, 投資家はじめステークホルダーは「シャープは大丈夫だ」と思い込んでしまうでしょう。

確認すべきは, ステークホルダーの存在が変革をゆがめ得るという点です。第2章でふれたように, 組織は常に環境およびステークホルダーの影響を受けます。それが組織にとって望ましくないと思っても, ステークホルダーが強く求めるならば従わないといけないこともあります。

現代の特に大企業の経営陣は, 常に環境に目を配らないといけません。投資家をはじめとするステークホルダーと良好な関係を築くため, あらゆる手段を講じて環境との関係をつなぎます。しかし, そうした組織を生存させるための「正しい努力」が, ときに組織を機能不全に陥らせます。

本当にシャープほどの大企業が自己正当化のために「変革をしたふり」に傾いたとしたら, いかに環境が, 特に外部の評判や価値判断が組織のあり方を左右するのか, 組織が自分たちだけで生存していくことが難しいのかが想像できるでしょう。

ディスカッションポイント

- 町田氏の社長就任以降シャープに起きたことを, 組織の内部と外部を区別したうえで表(年表)にまとめてみましょう。
- シャープの経営陣は, どのような意図や認知にもとづいて変革を主導したのでしょうか。想像してみましょう。
- シャープが生存するためにはコアとなる液晶生産の変革が必要だったとして, 経営陣はどのようにすればよかったのでしょうか。組織変革のあり方はいかに変わり得たでしょうか。

| 注

1　Cambridge Dictionaryより。出典はcapabilityも同様。
　　https://dictionary.cambridge.org/ja/dictionary/english/competence
2　事例2の記述に関して，下記の二つの記事を参考にした。
　　日経ビジネス「金剛組，『日本最古』を支えるのは古来の実力主義」（2020年12月14日）
　　https://www.nikkei.com/article/DGXZQOFK103430Q0A211C2000000/
　　産経WEST「飛鳥時代創業・金剛組⑶『つぶすのは大阪の恥や』倒産の危機，なにわ節
　　の支援で再生」（2018年7月11日）
　　https://www.sankei.com/article/20180711-GNR5JQ75WZNTZIKCG4ORVFJETA/
3　事例3の記述，特に事業比率などの試算に関して，以下の文献を参考とした。
　　中川功一・松本陽一・坪山雄樹「シャープはなぜ経営危機に陥ったか：『柔らかい周囲
　　が硬い中心を守る』仮説の提示」『Graduate School of Economics and Osaka School of
　　International Public Policy（OSIPP）Osaka University Discussion Papers In Economics
　　And Business』第14巻，2014年，1-35頁。

第 4 章

変革と組織生態学

この章では「組織生態学」という組織論の学派を紹介します。組織生態学がなぜ組織変革にとって重要かというと，組織生態学は「組織は変革できない」あるいは「組織の生存にとって変革は必要ない」と論じる学派だからです。

もし本当に組織の生存にとって変革が必要ないのであれば，本書の存在価値がなくなってしまいかねません。しかし，組織生態学はきちんとした根拠も有して今も研究が続けられる一大流派となっています。なぜ，変革は不可能あるいは不要なのか。そう言える根拠について考えてみましょう。

1 経営学と生態系メタファー

組織生態学の源流はHannan & Freeman（1977；1984；1989）にあります。「生態」という響きに意外な感じを受けた方もいるかもしれません。その名のとおり組織生態学は「生態学」そのもののアイデアにかなり影響を受けており，場合によっては分析手法をそのまま用いたりもしています。

話は少し変わりますが，経営学は実は伝統的に〈軍事メタファー〉を好んで用います。もともと軍事用語として使われていた言葉を経営学にもちこんだという意味です。〈戦略〉が代表でしょう。企業の戦略という言葉には，競合との「戦争」に勝ち抜くというニュアンスがこめられています。

ほかにも，企業の生産や流通をいかに最適化するかについての知見をロジス

ティックス（logistics）といいます。ロジスティックスは漢字にすれば「兵站（へいたん）」で，もともと戦争で兵隊の食料などのインフラを確保し供給するという意味をもっていました。

このように従来の経営学は軍事用語を好んでいます。その理由の一つは**企業組織が戦いに生き残るという世界観を支持している**からだといえます。

（1）組織は本当に戦闘しているか

そのような軍事メタファーに則ると，次の命題が肯定できます。「組織は，優れた戦略を構築することで競争に勝ち，生き残る」「逆にいえば，競争に負けることは死，つまり組織の消滅を意味する」「激しい競争環境のなかで生き残るために戦略を駆使せねばならない」など。

しかし組織生態学の考え方は，いくつかの論点からこうした軍事メタファー的な考え方に疑問を呈します。たとえば，組織の〈**多様性**〉です。軍事メタファーで考えると，組織は常に戦場におり，勝ち負けを繰り返します。とすると，自然と必勝法ができあがるでしょう。そして勝ち残るために組織はみな同じような「勝てる組織」になるはずです。

ところが，現実の組織は非常に多様です。経営学にとっては耳の痛い話でもありますが経営にはなかなか必勝法がありません。これをしたら絶対にダメという失敗のパターンはあっても，これをやれば勝てる必勝の戦略が，少なくとも統一的なものがないのです。そして結果的に組織は多様になります。

そこで，**組織は本当に勝つために存在しているのだろうか**という疑問がわきます。本当に勝つために存在するのならば，もっと似通った戦略・組織ばかりになってもおかしくないからです。

たとえば生態系の頂点はライオンで，弱い動物がネズミだとしましょう。もしこれが戦争ならネズミは駆逐され，世の中はライオンだけになるはずです。しかし，現実にはライオンもネズミも生き残っていて，多様性が確保されている。組織も同じではないかというのです。

（2）組織は本当に死力を尽くしているか

　次の論点のほうがより重要でしょう。**現実に生き残っている組織は本当に勝つための努力を尽くしているのか**という疑問です。第1章で，イワシ屋さんの例を挙げました。無関係の素人目には，失礼ながらイワシ屋さんが経営戦略を練り上げ，知略を駆使して生き残ってきたようにはみえませんでした。

　また経験談として「ウチの会社は本当にダメで」といった話をよく聞くかもしれません。上司が今の時代を理解していなくて話が通じないよ。社長がドラマにかぶれて新しいことやるって言い出して。うち，未だに○○っていう古いソフトウェア使ってるんだよ。など。照れ隠し半分の愚痴だとしても，世にはむしろ間違った組織のほうが多いんじゃないかと思えることがあります。

　ところが，そういった間違いだらけで欠点ばかりの，熾烈な戦争に絶対に勝ちあがれないような組織も現実としてはたくさん生き残っているわけです。生き残っていないと会社の愚痴すら言えませんから。もちろん実際に欠点が露呈して消滅する組織もあるでしょうが，ほとんどの組織は無事に生き残っていることも事実なのです。優れた戦略などもっていないにもかかわらず。

　もし企業組織がおかれた環境が常に戦場であるならば，優れた戦略を実現した組織しか生き残れないでしょう。しかし現実には，どうということのない凡庸な，欠点ばかりの組織もそれなりに生き残っているわけです。このギャップを埋めるために〈**生態系メタファー**〉を用いる意義が生じます。

（3）生態系における生存

　生態系（ecosystem）とは，もともとは自然環境に生息する生き物たちの連関をさす言葉です。森があって，そこに花とチョウと鳥が生息しているとします。チョウは花から蜜をとって，鳥はチョウを捕まえて生きています。ここだけみると，やはり自然は弱肉強食だ，チョウは鳥に搾取されているのだと考えることもできますが，現実はそうではありません。

　生態系が成立する範囲においては，鳥はチョウを絶滅させることはありませ

ん。ある1匹のチョウが食べられてもチョウという種（しゅ）は生き残ります。そして鳥もネコなどに食べられる。そのネコは死ぬと土に還り養分となる。その養分で花が育ち，花はチョウのエサになる。このように各々が各々の生存のためにぐるぐると役に立っているのです。これは，どちらかがどちらかを殺さないと生き残れない戦争とはまったく異なる状態です。

　生態系メタファーを用いる人々は，企業組織がおかれる環境も同様だと捉えています。別に組織は互いに潰し合うわけではなくて，持ちつ持たれつで生き残っている。たまに競争したり消滅したりする組織もあるが，全体としてはなんとなくであっても調和を保ち，共依存しながら組織は生きている。生態系メタファーの背景にはそういう世界観があるのです。

　生態系メタファーからうまれた代表的な概念として〈ニッチ〉を紹介しましょう。ニッチは「生態学的地位」をさす言葉で，「ニッチな需要」などの表現で日本語でも浸透しつつある概念です。**たとえ生き残るための強力な武器や長所をもちあわせていなくても，環境のなかで自分に適した居場所をみつければ生き残れる**という意味を含んでいます。

　何の長所もない組織がなぜか長年生き残っているとしたら，それは環境のなかでニッチをみつけたのだと解釈できます。ニッチでは環境の変動が起きづらく「戦争」にもなりません。どんな生き物でも，居場所をみつければ細々とでも生きていけるというメッセージがこめられていますし，実際にそうであるようにも思えます。

2　進化論のアイデア

　すでに述べたように，組織生態学ではそもそも組織変革が難しいと考えます。まずはその根拠として生態学における「進化論」の考え方を理解しましょう。

　進化論を説明するためによく用いられるのが「キリンの首の長さ」です。キリンは進化の過程で首が長くなったのだと説明されますが，**キリンは自分の意思で首を長くしたのではありません。**キリンが生息する地域は背の高い木や草

が多く，首が長くないとエサにありつけない。よって首の短い個体はエサを得られず，子孫を残せないまま死んでしまいます。

　対して首の長い個体は子孫を残すことができる。首が長い親の特質が遺伝して，子どもも首が長くなる。たまたま首が短い子どもが生まれても子孫は残せない……といったように，この〈**淘汰**〉を何世代も繰り返すことによって，キリンは首が長くなったというのです。

　この進化論的説明は，特に組織変革にとって重要な論点をいくつか含んでいます。まず**個体が生き残るのは環境適応の結果**だという点です。キリンはたまたま背の高い木や草が多い地域に住んでいたので首が長くなった。もし地面を這うような低いところにしか草が生えない地域なら逆に，首の短い個体が生き残っていたでしょう。生存は環境しだいなのです。

　次に，**キリン自身は別に工夫も価値判断もしていない**ということです。よく，野生動物は生き残るために工夫を凝らすと説明されることがあります。キリンのケースはこれに当てはまりません。キリンは生き残るために自分で首を長くしたのでなくたまたま**首が長いほうが生存に向いていた**だけなのです。

　首が長いほうが生き残れることに気付いて長くしようとしたのでもなければ，首が長いほうが異性にモテると思ったわけでもないのです。キリンは自分の意思で首を長くすることはできないからです。

　こうした前提をすべて，組織にも当てはめましょう。組織生態学に則ると，まず組織は自分の意思で変革できないということが前提とされます。つまり**組織は自分から環境に適応できない**のです。仮に首が長いほうが生き残れることに気付いても後から長くすることはできないし，そもそも長いほうが生き残れるのかどうか事前に知ることはできないからです。

　そして，結果的には環境に適応した組織が生存します。これらを統合すると，組織生態学に一貫した重要な命題がうかびあがります。組織生態学では，**組織は環境に自分から適応できないから，生き残れる確率ははじめから決定されて**いると考えるのです。

　言いたいことはわかるようにも思えます。もし組織が自由に環境に適応でき

変革できるなら，シャープも含め世の変革は，もっとうまくいくでしょう。なおシャープの事例を組織生態学的に説明するならこうなります。「シャープは，災害や景気変動といった環境要因に適応できなかった。どのように変革しようとしたのかには関係なく」。

　いっぽうこの組織生態学の命題は，既存の経営学，特に第5章で紹介する主流派の経営戦略論と正反対といえる部分があります。既存の主流派と矛盾するということでどうしても論争が激しくなってしまい，互いに対話不可能に陥っていて議論が深まっていないという指摘もあります。

　ここで一度，組織生態学の基本的な命題を確認しておきましょう。

組織生態学の基本前提

- ◆　組織は生態系のなかにあり，環境に適応すれば生存できる。
- ◆　組織は生存のために必要な条件を自分で変革することはできない。なぜなら，環境に適応できる要因は予測できないからである。
- ◆　よって，変革によって環境に適応することはできない。
- ◆　よって，組織が生存できる確率は組織の誕生時点で決定している。

3　組織生態学の基本的アイデア

　では次に，組織生態学がこのように考える論拠について探っていきましょう。そもそもなぜ，組織生態学は組織が変革できないことを自明とするのでしょうか。ここでは組織生態学において最も重要な概念の一つである〈**組織慣性**〉について詳しく紹介します。

（1）組織が変われない理由──組織慣性

　組織慣性（organizational inertia）は物理学の「慣性」から派生した概念で

す。慣性とは「物体が動いていたら動き続け，止まっていたら止まり続けるという性質」で，これが組織にとっても同じだというのです。つまり，組織は過去のままであり続け，突然違うことを始めたりはしないと考えるのです。

なお，組織生態学の原典の一つであるHannan & Freeman（1984）では，組織構造に注目して構造慣性（structural inertia）と表現されます。

組織慣性が生じる理由はたくさん挙げられています。以下，多様な視点から指摘していますので，まとまりがない感もあるのですが，順番にみていきましょう。まず，組織内の要因です。

①　既存の投資がムダになってしまうから

組織変革は今までやってきたことの否定を伴います。シャープの液晶生産はわかりやすい例です。もし生産を縮小したら今までの投資がムダになるという意見が必ず出ます。

皆さんも「今さら変えられない」というセリフを聞いたことがあるでしょう。よく考えるといまいち意味がわからない気もしますが（今から変えてもいいじゃないですか），それなりの納得感で受け入れられてもいます。**今までやってきたことがムダになるという感覚が組織に変革を思いとどまらせる**のです。

経済学にサンクコスト（sunk cost, 埋没費用）という類似の概念があります。すでに投資した事業から撤退しても回収できない費用を意味します。簡単にいえば，それまでに費やしたお金や時間，労力のことです。そういった過去のコストが将来の意思決定に影響を与えることを〈**サンクコスト効果**〉とよびます。まさにサンクコスト効果が組織慣性になるわけです。

なお，サンクコストを将来の意思決定に反映させることは経済合理的には正しくないとされます。たしかにシャープの例でも，既存の投資を惜しがっても将来の利益にならないとわかっているなら今すぐにでも止めるべきなのです。論理的に考えれば過去を惜しがることは将来に寄与しないのですが，しかしサンクコスト効果はどうしてもうまれてしまいます。

ちなみに，サンクコストについて書かれたArkes & Ayson（1999）は，非常

に挑発的で象徴的なタイトルの論文です。「The sunk cost and Concorde effects: Are humans less rational than lower animals?（サンクコストとコンコルド効果——人類は下等生物よりも非合理的なのか？）」。

②　限定合理性：リーダーが得られる情報は限られているから

〈限定合理性〉（bounded rationality）という概念があります。サイモン（H. A. Simon）という，組織論の祖ともいわれる学者が提唱した概念です。言いたいことはシンプルで，人間や組織の〈合理性〉は限定的であり，完全に合理的であることはできないという意味合いです。

なぜそんな当たり前のことをわざわざ，と思うかもしれません。この概念の提唱には背景があり，新古典派経済学といわれる経済学の（かつての）主流派においては，合理的経済人とよばれる「完全合理的であれる人間像」が想定されていました。この場合の完全合理的とは，あらゆる情報を入手でき，選択肢を完備し，そのうえで適切に意思決定できる，くらいの意味です。

ところが現実の人間は完全合理的ではありません。特に将来については不確実性が高く予測が不可能なこともあります。現在の環境であっても，情報を完全に得ることは多大なコストがかかるか，あるいは不可能です。**人間や組織は限定された情報のなかでしか合理的であることができないのです。**

限定合理性が組織変革にとって重要なのは，限定合理性下では組織は**合理化基準ではなく満足化基準を採用する**からです。〈合理化基準〉とは，最も合理的な意思決定を選択する基準のことです。企業組織ならば最も利益を最大化する選択肢です。対して〈満足化基準〉とは，現状で最も満足できる意思決定の基準を意味します。

限定合理性つまり合理化のための情報が限られる状況では，組織は合理性を最大化（たとえば，最も利益が出る方法を探す）しようとはせず，現状で一番満足できる方法を選ぶのです。これはたしかに組織変革を「しない」ことにつながります。**限定合理性ゆえに現状に満足していれば，わざわざ新しい方法を探してきて変革をしようとは思わないわけです。**

③　変革によって損をする部門が抵抗するから

　組織変革はときに痛みを伴います。コダックがデジタル化への移行を決断していたら，フィルムの開発部門の人員は整理解雇されたり別の部門に配置転換される可能性が生じます。コダックを背負ってきた技術者が閑職に回されるか会社を追い出されてしまう危険すらあるのです。

　組織変革によって不利益を被る人々は，変革に反対するでしょう。それが多数派になれば変革は実行されませんし，変革が抜本的であればあるほどメインストリームにいる人々の地位を脅かし得ます。そうした抵抗を組織のためを思っていない，自分勝手であると批判もできます。しかし，個人が組織における自分のキャリアを優先するのは，けっして非合理的ではありません。

　組織はけっして一枚岩ではなく，多様な利害関係と価値観を内包して活動しています。そして，組織の利害と個人の利害が必ずしも一致しないこともあります。組織はそれをふまえて意思決定しないといけませんし，利害関係の不一致によって変革が否定されることも珍しくはないのです。

④　規範的合意が存在するから

　ここまでの①から③は，どちらかといえば組織あるいは個人の利害に関する要因でした。④は個々の利害を超えた規範に関する要因です。

　長い間生存してきた組織は，ふつう何らかの文化や慣習，ルーチンをもっています。組織内で自明とされ当たり前に受け入れられる要素が存在するのです。すでにいるメンバーはそうした規範を当然だとして疑いなく実行し，新しく入ったメンバーにも教育され，受け継がれ，再生産されていきます。

　ある会社では，歓迎会で新入社員に「出し物」をさせる習慣がありました。筆者の知人は入社にあたって「私は従わない」と宣言していましたが，後日衣装を着て踊っている写真がSNSにアップロードされていました。

　社会では奇妙なことに，「みんな当然そうしている」という慣習が「みんな当然そうあるべきだ」という規範に変わることがあります。ずっと同じ文化・

慣習・ルーチンで過ごすと，組織にとっての規範となるのです。そして規範の変革には大きなストレスが生じます。「やってはいるけど理由はない」ことと「こうやるべきだからこうやっている」ことには大きな隔たりがあり，後者は変革を阻止する要因となります。

⑤　市場への参入・退出には法的・財務的障壁が存在するから

ここからは，組織内部よりも外部環境に起因する要素です。組織変革が新事業への参入や既存事業の撤退を含む場合，実は法律や金融のルールが障壁になることがあります。市場には必ず参入障壁があり，簡単に入れないようになっているのです。たとえば電波，医療，保険関連の事業などは一般的に高い参入障壁があり，国の認可を得ないと始めることすらできません。

また退出にもコストがかかることがあります。止めたほうが企業にとっては好都合だと思っていても，法規制や財務の問題で退出に数年かかることもあり得ます。**自社にとって変革が好都合だとしても環境要因がそれを許さないことがある**ということです。自社にとって適切な変革だと思っていても，あまりにコストがかかって難しいのであれば断念せざるを得ません。

⑥　環境の変化が激しいと情報が入手できないから

環境は不確実であり，組織は限定合理的です。つまり，将来のために必要な情報が常に十分に得られるとは限りません。環境の変化が激しい，つまりより不確実性が高い場合は余計にそうなります。

シャープの事例を思い出しましょう。2000年前後の液晶業界は，ほぼ日本企業しかプレイヤーがいない状況でした。かつ，液晶テレビが世界的にみても全く普及しておらず，今後何年くらいでどのくらいブラウン管から液晶に移行していくのかは，誰も予想がつかない状況でした。

ところがほんの5年程度のうちに，アジア系の海外メーカーが参入し，さらにVIZIO社のように過去の常識からは考え難いスタイルの企業も登場します。価格も乱高下し市場の動きも読めませんでした。私たちはすべて終わってから

事後的に振り返っているので理解できますが，リアルタイムで当事者になっていた場合，ここまで複雑にかつ刻一刻と勢力地図が変わる状況で的確に情報を入手し管理することは容易ではありません。

　企業組織にとってさらに難しいのは，意図的に情報が隠されることです。液晶のように技術が競争優位の源泉となる業界では，自社の技術が秘匿されなければいけません。シャープも技術流出を恐れて他社との協働が遅れた事情があったようです。他社の情報は重要度が高いと同時に入手しづらいので，結局**必要な情報が得られずに変革の見送りを選択せざるを得ないこともあります。**

⑦　変革が正統性に問題を引き起こし得るから

　規範に反するゆえに変革がしづらいというのが④でした。⑦は，組織内の規範だけではなく，業界や社会にとってイレギュラーであるがゆえに反発が起こることを想定しています。

　ある集団にとって適切で望ましい知覚を〈**正統性**〉（legitimacy）とよびます。組織の生存に必須とされる経営学の重要概念です。変革は，実は根本的に大きなジレンマを抱えています。生存のためには何か新しくすべきと思って変革をするわけですが，新しくすること自体が社会にとっての「当たり前」や「望ましさ」に反する場合があるのです。

　たとえば女性への蔑視・軽視が強い社会で，ある組織が女性をリーダーにしようとしたとしましょう。その組織にとっては女性リーダーが望ましいことに合意が得られており合理性もあると考えている。しかし，社会においては「女性がリーダーをするなんて大丈夫なのか」と言われかねないならば，正統性に反することを理由に組織は変革を見送るかもしれません。

　正統性が得られないことは，ステークホルダーの支持を失うことを意味します。組織としてはそれが最善だと思っていても，投資家が「女性リーダーなんておかしいじゃないか」と思ってしまったならば，組織は資金を得られなくなってしまいます。**組織の事情を超えた〈正統性〉によって変革が阻害されることも，組織が社会のなかにある限り避けられないのです。**

⑧　集合的合理性の問題があるから

　最後は，組織と競合（同業他社）の関係についての問題です。経済合理性つまり利益が効率的に得られるかを組織は判断し，変革の可否を決定します。**しかしみなで足並みをそろえたほうが合理的だと判断される**ことがあるのです。どういうことでしょうか。

　ある新技術が開発され，組織が新技術に移行するか意思決定をしないといけないとします。自社としては移行が合理的かもしれないが，しかし，もし競合他社が移行しないならばそのほうが得をする。そこで，自分たちだけで新技術に移行して新たな問題が生じるくらいなら，他社に合わせて変革しないほうが合理的だと考えて変革を見送る。これが，集合的合理性です。

　つまり，**合理的かどうかは自組織の都合だけではなく競合などの集団の事情によっても変化し得る**のです。集合的にみてそれでよいなら，別に変革をしない選択肢もあり得ます。これは場合によっては「談合」であり法律で禁じられていることもありますが，法に適合的でありながら集合的合理性を確保しているケースも世の中には見受けられます。

　以上，組織慣性を生じさせる8つの要因を挙げました。ややまとまりなく列挙した面があるとはいえ，それぞれに説得力のある要因ではあります。**組織が変革できない理由はこれだけある**と考えると，たしかに**組織変革は容易でなく，また場合によっては必要でもない**ことがわかるでしょう。

（2）年齢依存理論

　次に，年齢依存理論とよばれる組織生態学の特徴的な主張を紹介します。もし組織が変革できないならば結局何が生存に関係する要因なのでしょうか。

　組織生態学は，組織の年齢（age）に注目します。「新しさの不利益（liability of newness）」とよばれる概念があり，組織は基本的に新しいほど生存率が低くなり，ある程度の年齢を迎えると安定するという概念です。たしかに組織は，

設立間もない頃は不確実性が高く資源も乏しいため，生存のために必要な施策をとれないこともあります。しかし一度波に乗ってしまえば，それなりに安定して生き残れるというのが年齢依存理論です。

　実はこのアイデアも生態学の知見を借りたものです。生き物が最も「死にやすい」のは生まれて間もないタイミングです。自力で生活できる体力がなく，突発的な事故で命を落としやすいためです。しかしいったん乗り切れば，大きな事故や病気に見舞われない限り命の危険にさらされるリスクはぐっと下がります。これは人間にも野生動物にも共通しており，組織もそうだと考えるわけです。

　なお年齢依存理論は，その真偽をめぐって未だに議論が続いています。中小企業庁によると，日本の起業後の生存率は 5 年で81.7%となっています[1]。この統計はやや高く算出されている可能性があると但し書きがあり，アメリカで同48.9%，ドイツで40.2%と国による差は大きく，生存率は日本だけが突出して高く，アメリカとヨーロッパ諸国はおおむね40-50%となっています。

　これが高いか低いかはさておき，興味深いのは 5 年目までは生存率が下がり続けるのです。 1 年生存率（起業した組織が 1 年目まで生存する割合）は欧米で76-92%で，日本の場合95.3%です。現代のベンチャー企業は初年度でいきなりつぶれる企業は多くありません。

　だとすると，新しさが不利益になって生存を脅かされるのは何歳までなのか，あまり明確ではありません。ともあれ，**組織には生存しやすい年齢や寿命があるのだというアイデアはユニークである**とは言えます。

（3）組織群というグルーピング

　最後にもう一つ，組織生態学のユニークな概念を紹介します。組織生態学が他の組織論と一線を画すのは〈**組織群**〉という概念を用いることです。組織生態学は，個体（組織），個体群（組織群），個体群集（業界や社会）という 3 つの分析単位をもちます。他の組織論は組織と業界・社会という区分をすることが多いので，組織群という区分はなかなか特徴的です。

　実はこれも生態学の知見の応用です。組織群とは生態学の言葉でいうと「種」です。たとえるなら組織生態学はある特定の1頭のニホンザルが生き残るかではなく，なぜニホンザルという種が生き残るのかに注目するのです。

　競争戦略論では「ある単一の企業」が，なぜ・どのようにライバルに勝って生存するかという見方が一般的です。組織生態学ではもう少し視野を広げて，ある特定のグループ（たとえば，従業員30名以下の日本酒製造業者）がなぜ・どのように生存するのかという視点から組織の生存を考えるのです。

4　組織生態学が当てはまる業界

　ここまで，組織生態学の考え方について学びました。主流の経営学とは異なったユニークな発想と感じられたでしょうか。では実際に，現実の世界に組織生態学がどれくらい当てはまるのかについて実例をみてみましょう。

（1）清酒製造業と老舗企業

　鈴木（2012）は，長期生存企業，特に100年以上存続した老舗企業を題材として調査しました。2009年時点のデータから日本企業を調査した結果，老舗企業の数および割合が最も多い業界は，ともに清酒製造業でした。つまり日本酒を製造する企業が特に長期に生存していたのです。ちなみに清酒製造業は，調査対象の1,069社のうち637社，実に59.6%が老舗企業です。

　100年という括りがあるので昔から日本にある業種が選ばれやすく，IT企業などは入り得ないでしょう。そうだとしても，「清酒製造業」は意外かもしれません。

　経営戦略論の視点から競争力のある企業が生き残ると考えたとき，では清酒製造業には他の業界に比べて競争力が高く，優れた経営能力や戦略をもつ企業が多いのでしょうか。もちろん優れた経営をしている企業はたくさんありますが，清酒業界だけが他と比べて優れていると言い切れる根拠はあまりなさそうです。

　さらに興味深い事実があります。実は老舗企業のほとんどは中小企業なのです。老舗企業の約78%は従業員30人以下の企業で，300人以下の企業が実に97%を占めます。中小企業庁の定義では，中小企業とは従業員300人以下の企業をさすので，老舗企業の97%は中小企業なのです。ここから次の命題が導けます。**長期生存企業のほとんどは規模が小さい企業である**のです。

なぜ小さい企業が生き残るのか

　この命題からもう少し深掘りしてみましょう。長期生存企業の組織規模つまり組織の従業員数は**組織が創始した初期からほとんど変わっていない**と考えられます。もちろん3人で始めた企業が200人まで成長したケースもあるはずですが，老舗企業の30%は5人以下の企業です。5人以下の企業となると，小さな会社で始めたまま規模をほぼ変えずに生き残っているはずです。

　もう一つ重要な論点があります。**従業員数を拡大しなかったことに戦略的意図があったのか**という点です。老舗企業は「生存のためには規模が小さいほうが有利」と経営判断して従業員数を増やさなかったのでしょうか。

　老舗企業であれば「拡大は身を滅ぼす。身のほどを知って維持せよ」といった社訓があってもおかしくなさそうですが，600社以上の清酒製造企業が，意図的に小さな規模を維持したのかはわかりません。

　よって，清酒製造業においては**初期条件として組織規模が小さかった組織が（たまたま）環境に適応できたことでそのまま生存し，長期生存に至っている**と考えられます。ここで，生存に関して組織変革は関係ないとみなします。つまり組織生態学的な説明が合致するのです。

（2）構造慣性か戦略適応か

　もう一つ研究を紹介します。高瀬（1989）は，組織の生存を説明するにふさわしい理論は組織生態学か経営戦略論かという観点から研究をおこないました。ここで改めて，組織生態学と経営戦略論の視点の違いをまとめましょう。

組織生態学

◆ 構造慣性（組織慣性）を重視する。
◆ 変化する環境に合致した組織の初期条件が，そのまま慣性をもち生存する。

経営戦略論

◆ 戦略適応（組織の意図）を重視する。
◆ 戦略的に組織を変革し，変化する環境に適応することで生存する。

　これらは一見すると矛盾する関係にありそうです。そこで髙瀬（1989）は，神奈川県の電気機器工場組織313件を調査しました。首都圏に近い工業地域の，いわゆるものづくり系の企業であり，比較的中小企業が多いのが特徴の業界です。

　鍵となる要素の一つが「業種変更」です。電気機器工場といいますが，通商産業省（当時）の小分類によると，電気機器製造業はアイロン・扇風機・洗濯機などを製造する「民生用電気機器製造業」，電球・蛍光灯・照明器具などを製造する「電球・電気照明器具製造業」，X線装置や電子顕微鏡・電子計算機などを製造する「応用電子装置製造業」の3つに区分されています。

　同じ電気機器製造業といっても微妙に小区分があり，かつ組織の戦略によって業種を変更するのです。この研究では業種変更をしたグループとしなかったグループとに区分し，どちらがより生存したのかを調査しました。結果は「どちらともいえない」でした。つまり業種変更したから生き残れたとも，しなかったから生き残れたともいえず，どちらの優越も見出せなかったのです。

　また，組織設立時の資本金規模が大きいほうが環境に適応しやすい，つまり生存しやすいことがわかりました。加えて「最初に」選んだ業種によって適応の程度が異なっていました。

　「設立時の資本金」も「最初に選んだ業種」も，事後的な戦略の変更ではどうしようもない組織の初期条件です。つまりこの研究からは，**運命決定論のよ**

うに組織の初期条件が生存に影響していると結論づけられます。

　ただし，だから組織生態学のほうが経営戦略論より説明力があるとは言えません。研究内でも言及されているように**サンプルつまり調査対象を変えれば結果が変わることは十分考えられる**ので，むしろなぜこのような結果になったのか，どういう条件が作用したのかという考察がより重要です。

5　組織生態学から学ぶべきこと

　ここまで，組織生態学の知見について確認してきました。それなりの説得力をもった議論にも思えますが，何か欠点や問題点はないでしょうか。もちろん，組織生態学にも未解決課題はあります。

（1）組織は本当に「変革しなかった」？

　まず，組織生態学が何を変革（変化）だと捉えるのかという問題です。電気機器製造業の研究でも「生き残る組織の条件は資本金や最初の業種にあるため組織は変わらないでも生存できる」と主張しています。では，生存した組織は本当に何も変革していないし，あまつさえ経営努力もしないのでしょうか。きっとそんなことはありません。

生態学で視えないもの

　たとえばこんな例を考えましょう。Aさんが設立した小さな電気機器の製造工場がありました。ずっと電子顕微鏡など応用電子装置を製造してきた工場です。Aさんが高齢のため，子どものBさんがそれまで勤めていた会社を辞めて工場を継ぐことになりました。しかし10人いる従業員のモチベーションは非常に低下しており，離職の意思を示したり，欠勤が増えたりしました。

　危機感をもったBさんが社内を調べたところ，ワンマン経営者でカリスマでもあったAさんの影響が大きいことがわかりました。従業員はAさんの言いなりになって仕事をすることに慣れており，Aさんが退任してから何をしていい

かわからなくなってしまっていたのです。

　Bさんは組織文化の変革をうちだします。トップダウンの風土を変え，従業員の声を聞くことに努め，改善点があれば自由に発言できるようにしました。結果として従業員は誰も辞めずに済み，工場は生存しました。

　この例では組織の文化を変革しているので，本書の定義では組織変革だといえます。しかし組織生態学から解釈すると変革は起きていません。業種も組織規模も変わっていないからです。**結果的に変わっていない要素をもちだしてこの組織は変わっていないと言えてしまうなら，たしかにほとんどの組織は変革などしていないでしょう。**

　組織生態学は組織文化のような観測しづらい部分を対象としません。ゆえに，視えない変化があったか捉えられない点には注意せねばなりません。

（２）組織には意図がある

　次に，組織の〈意図〉をめぐる問題です。いうなれば，キリンと組織は違っているのだということです。

　高瀬（2015）によると，組織生態学は根本的に個体（組織）の主体性を対象としていません。ないと思っているし，あってもなくても結論が変わらないという立場をとります。キリンは自分で首を長くしようと思わないし，長くしようと思ってもどうせ変わることはできない。組織も同じだと考えるのです。

　しかし，本当にそうでしょうか。組織はどれだけ変化したいと願っても変われないのでしょうか。そんなことはないはずです。変革は難しいかもしれないけれど，事実として変革を達成し生き残った組織は確実に存在します。もちろん変革には困難が多く待ち受けますし，慣性は常に働きます。ただ，組織生態学は組織の意図や主体性をあまりに過小評価していることも事実です。

　過小評価する一つの理由は，組織生態学は組織「群」をみるからです。電気機器工場群という組織群の全体傾向を調べたければ，一つひとつの組織の戦略的適応や主体性は無視してもよいと考えられます。

　しかしそれは，ある一つの組織が生き残るために変革を企図し実際に達成し

た事実を否定する根拠にはなり得ません。**全体傾向をみることと，自分の所属するたった一つの組織がどうあろうかとすることは別のものとして考えるべきなのです。**

　誰よりも組織自身が意図や主体性による変革の可能性を信じなければたしかに変革など成立しませんし，組織は無力化され環境のままに生存したり滅亡したりするのみです。組織生態学の考え方が十分に根拠をもつからこそ，「あるひとつの組織」は自分たちがどうあるべきか，変革をどう捉えるかを主体的に考えねばならないのです。

（3）適応は没主体ではない

　最後に，組織生態学からのメッセージを紹介します。「環境決定論は没主体性を意味しない」（髙瀬，2015）ことについてです。組織生態学の主張は〈**環境決定論**〉です。つまり結局は環境に適応するかどうかで組織の生存は決まると考えます。これはややもすると「組織は没主体的に，環境の言いなりにならないと生き残れない」というふうに誤解されてしまいます。

　しかし「生き残るために主体的に環境に適応する」こともあるはずです。生存するために他者を模倣したり同化したりする組織が，必ずしも没主体的だとはいえません。マネしたり追随することはすべて陳腐で没主体だというのはあまりに浅薄です。適応のためにマネする過程では，個々の主体性や工夫が必須ですし，創造性が求められる場面すらあるはずです。

　逆に「ヒロイックな変革」は，ときにアピール重視の中身のない行動につながります。変革をしているという見た目に気をとられ，自分たちがいかに特別かを喧伝する「独自性」は本当に主体的でしょうか。要するに**環境に適応するかどうかと組織や個人が主体的であるかは別である**と考えるべきです。

　大枠では環境が組織の生き死にを決定しており，事後的には変更できない初期条件が生存に影響する場合もある。だとすれば，組織変革の意味は相対的に薄れます。しかし組織変革は無意味というわけでもなく，意図の力で変革を遂げ生き残る組織もある。こうした視点から変革を読み解くことが，組織変革論

において組織生態学を学ぶ価値であるといえるでしょう。

ディスカッションポイント

- 組織生態学の前提条件や考え方の特徴をまとめましょう。
- あなたは「構造慣性」と「戦略適応」どちらを支持しますか。自己の経験や志向性から，あなたの意見を述べて議論してみましょう。
- 組織慣性は，組織変革にとってどれだけ重く見られるべきでしょうか。あなたの意見をまとめてみましょう。

▎注

1　中小企業庁「中小企業のライフサイクル」(2017年)
　　https://www.chusho.meti.go.jp/pamflet/hakusyo/H29/PDF/chusho/04Hakusyo_part2_chap1_web.pdf

▎引用・参考文献

Arkes, H. R., & Ayton, P. 1999. "The sunk cost and Concorde effects: Are humans less rational than lower animals?." *Psychological Bulletin*, 125(5), 591-600.

Hannan, M. T., & Freeman, J. 1977. "The population ecology of organizations." *American Journal of Sociology*, 82(5), 929-964.

Hannan, M. T., & Freeman, J. 1984. "Structural inertia and organizational change." *American Sociological Review*, 49(2), 149-164.

Hannan, M. T., & Freeman, J. 1989. *Organizational Ecology*. Harvard University Press.

鈴木志保「企業組織と組織個体群の存続に関する生態学的接近」『オイコノミカ』第48巻3-4号，2012年，39-53頁。

髙瀬武典「構造的慣性か戦略的適応か」『理論と方法』第4巻2号，1989年，41-55頁。

髙瀬武典「組織進化とエコロジカル・パースペクティヴ—「組織エコロジー」のエコロジー—」『組織科学』第49巻2号，2015年，4-14頁。

第 **5** 章

変革とダイナミック
ケイパビリティ

本章では経営戦略論とよばれる分野を中心に学びます。組織生態学が組織の変革に否定的であると前章で述べました。対照的に，組織の変革を推進する方法を積極的に考えてきたのが経営戦略論です。経営戦略論の有名な概念について簡単におさらいしたうえで，特に組織変革をダイレクトに扱った概念である「ダイナミックケイパビリティ」について中心的に学びます。

1 経営戦略論の概要

経営戦略論は経営学のなかでも昔から熱心に研究されており，人気の高い分野です。組織が優れた戦略を背景にダイナミックに変革したり，急成長したり，逆境をはね返すといったストーリー性があり，ドラマチックに感じられるからでもあるでしょう。

かつ，経営戦略論（競争戦略論）の中心的なテーマは「企業組織が競争に勝つために，いかに成長し変わっていくか。そのために戦略をどう練るか」というところにあるので，組織変革とも密接に関わっています。

ただし経営戦略論を概観すると「もしこう変われたら最も高い成果が得られる」という視点の研究が多く，組織慣性などの要素はあまり考慮されていないようにみえます。経営戦略論はどちらかといえば将来の絵図を描くことに興味があるので，組織が現実的にそうなれるのかという実現可能性については慎重

に検討する必要があります。

　すでに述べたように，組織変革に関して特にダイナミックケイパビリティを取り上げたいのですが，経営戦略論を概観するためにまず代表的なアプローチを確認します。紹介するのは〈ポジショニングアプローチ〉と，リソースベースドビュー（resource based view, RBV）などの〈経営資源アプローチ〉です。

（1）戦略の意味と意義

　まず，戦略という言葉の定義を先に確認しておきましょう。戦略は実は多義的で文献によって定義が異なるのですが，本書では「**経営資源を活用して環境に適応するため，中長期にわたる方向性や目標とそれに至る道筋を示す構想**」としておきます。以下に，やや長いですが大事な点を確認します。

組織の内と外をみる

　まず「経営資源を活用して」「環境に適応」という言葉には，戦略が**組織の内部と外部の両方に注意してつくられるべき**だというメッセージがこめられています。経営資源とは組織がもつヒト・モノ・カネ・情報をさします。これらの資源を用い，競争に勝ち，成果を上げるわけです。同時に，何度も強調してきたように組織は環境に適応しないと生存できません。組織の内部と外部，両方に目くばせをせよという意味の定義なのです。

ステークホルダーへのメッセージ

　後段について，戦略は「中長期にわたる方向性や目標」と「道筋を示す構想」が重要です。戦略は比較的長い期間を見据えてつくられます。目安としては中期が3〜5年，長期が10年くらいでしょうか。数年後の目標を定めその将来像に向かう構想を示すのが戦略なのです。**ゴールを決めてから，そのゴールにたどりつく方法を示す**ことで目標を達成しようとするのです。

　企業の個別の戦略については，多くが「中期経営計画」なるものを発表しています。中計と略されることもあります。簡単にウェブサイトで入手できるの

で，特定の企業の戦略を知りたい場合は中計をみるのがよいでしょう。

　ところでなぜ企業はわざわざ戦略を公開するのでしょうか。競争に勝つための作戦ならばライバルから秘匿したほうが良い気もします。

　公開する理由は，中計は投資家へのメッセージでもあるからです。私たちはこういう会社でこれをめざしますと，社会に対して信頼と能力をプレゼンし，投資する価値をアピールする役割があります。特に上場企業は自身らの情報を公開する責務があります。**戦略は，ステークホルダーに対して自分たちの会社を理解してもらうためのメッセージの役割をもつのです。**

（2）ポジショニングアプローチ

　さて，改めて経営戦略論の代表的な潮流をみていきましょう。ポジショニングアプローチは，世界的に最も有名な経営学者の一人であるポーター（M. E. Porter）が編み出したものです。ポジショニングアプローチは，特に**組織の外部に注目し，外部との関係によって自社の収益性が決まる**と考えます。

SCPパラダイム

　ポーターが注目するのは〈業界〉です。ポーターは企業の収益性は属する業界によって決まると考えました。ですので業界決定論ともよばれます。

　つまり儲かりやすい業界と儲からない業界があって，儲けたければ儲かる業界に入るべきである。そして業界内の位置取り，つまり〈**ポジショニング**〉を適切にとることで利益が得られると考えたのでした。シンプルながら多くの研究結果がこの説を支持している，優れた学説です。

　このように業界のあり方，つまり構造が企業の業績を決定するという考え方を〈**SCPパラダイム**〉とよびます。業界構造（Structure）が企業行動（Conduct）を決め，業績（Performance）にむすびつくということを前提にしているのでそう呼ばれています。ポジショニングアプローチはSCPパラダイムに基づいた理論です。

　もう一つ重要な概念が独占・寡占です。独占・寡占つまり１社か少数の数社

で業界を占めている状況ならば，他社に比べて平均以上の業績を上げ必然的に高い収益を確保できます。いかに競争に勝つかというよりもいかに**競争をしないか**が重要なのです。

競争は必然的に大きなコストをうみ組織内部の疲弊につながるため，意図的に競争を避けられれば組織にとってもプラスになります。法的にみれば独占・寡占は独占禁止法に抵触する可能性がありますが，いかに合法に独占・寡占に近い状況をつくりだすかが，SCPパラダイムの大きなテーマです。

それでは，業界の収益性は何によって決まっているのでしょうか。ポーターが提唱したのは**ファイブフォースモデル**とよばれる考え方です。業界には5つの脅威があって，その脅威が大きいほど収益性が低く，小さいほど収益性が高い業界になるというわけです。5つの脅威を順番にみていきましょう。

なお，業界の収益性と企業の収益性は必ずしも一致しないことに気をつけてください。収益性の高い業界で低収益の企業もあるし，逆もしかりです。ただ，おしなべて収益の良い企業は収益性の高い業界に属する傾向にあります。

ファイブフォースモデル

まず**新規参入の脅威**です。その業界に入りやすいほど，競争が激化し別の企業にシェアを奪われる可能性が高まります。注意が必要なのは，業界の収益性は市場規模とは一致しないことです。

たとえば飲食業は，誰もが利用する非常に市場規模の大きい業界ですが，一般的に収益性は高くありません。新規参入の障壁が低いからです。反対に，法規制や政府許認可が必要な業界は新規参入しづらいため，脅威が低いといえます。電波事業や医療関連の業界が当てはまります。

次に**競合の脅威**です。シンプルながら，競争相手が多くまた強力なほど自社の利益は奪われやすくなります。ちなみに第2章の環境セクターはファイブフォースモデルとも密接に関わるので改めて復習してください。

三つ目は**代替品の脅威**です。代わりのきく製品・サービスが出現すると業界ごと一気に衰退することすらあります。フィルムカメラに対するデジタルカメ

ラはまさに代替品です。外食産業は新規参入が容易で競争も激しいなかなか大変な業界ですが，代替品も豊富にあります。「中食（なかしょく）」と表現されるコンビニやスーパーは外食の代替品だといえるでしょう。

　注意すべきは，代替品が業界の外からやってくることです。フィルムカメラからデジタルカメラへの移行のケースでは，コダックや富士フイルムなどの主なプレイヤーは変わっておらず，競合企業同士が代替品を開発していました。しかし，鉄道の代替品（移動手段）として自動車が出現したというケースでは，代替品の脅威は業界の外からもたらされています。

　最後に**供給者の脅威**および**購入者の脅威**です。タスク環境のサプライヤーの話を思い出してください。自社製品の原材料を提供するサプライヤーや自社製品を買ってくれる顧客に利益を奪われると収益性は下がってしまいます。

シェアと交渉力

　歯磨き粉で有名なサンスターという企業があります。実は1932年の創業時点では自転車部品をつくる会社でした。パンク修理用のゴムのりをチューブに詰めた製品がヒットし，1946年に初めてチューブ入りの歯磨き粉を発売しこれまたヒットさせます。サンスターは元々は歯磨き粉の「中身」ではなく「容器」をつくっていたのです。

　現在のサンスターの主力はオーラルケア製品で，自転車部品はグループ会社のサンスター技研がつくるのみです。業種を変革するタイプの組織変革の代表例だといえるでしょう。

　この業種転換のきっかけは，自転車部品製造の業界構造にありました。サンスターは自転車部品で非常に高いシェアを誇っており，つまり競合の脅威は高くない状況でした。にもかかわらず収益性の低さに悩まされていたのです。

　理由はいくつかあります。まず，自転車部品は製品の「応用」がきかず自転車製造メーカーにしか買ってもらえないからです。メーカーからすれば自転車のタイヤ用の「のり」なんてものは同業者以外は買わないことがわかっているので，価格交渉で強気に出ることができます。**業界内のシェアが高かったとし**

ても，サプライヤーや顧客に対して交渉力が弱ければ，供給者や購入者の脅威が高まる例だといえます。

　また，のりは差別化しづらく，どの製品でもだいたい同じで価格くらいしか差がつかない〈コモディティ〉に分類されます。製品をいかに差別化するかを主題にした差別化戦略に関する研究も多々ありますが，本書では割愛します。

戦略グループ

　ところでまたそもそも論ですが，「業界」とは何でしょうか。実際は政府統計や調査会社が用いる公式的な区分に従うことが多いものの，「業界」は実はわりと曖昧な概念です。どのくらいの粒度，つまり細かさで業界を区切るかによって意味する範囲が変わってしまうからです。

　さきほどサンスターの紹介で「自転車部品製造業界」と表現しました。これを「自転車業界」とくくれば，自転車そのものを組み立てて製造しているメーカーも含まれます。どこで業界を区切るかは実はかなりバリエーションがあります。第4章でふれた組織群（種）にも似ています。

　そして，業界内では常に競争が起きているとは限りません。ディズニーランド（株式会社オリエンタルランド）とUSJ（合同会社ユー・エス・ジェイ）は，同じ「エンターテインメント業界」に属しており，似通った業態・ビジネスモデル・顧客像を有します。

　では，ディズニーランドとUSJは競合なのでしょうか。実際のところ競争は起きていなさそうです。お客さんは主に地理的な要因から，二択で迷うことが考え難いからです。海外からの観光客ならどちらに行くか迷うかもしれませんが，日本国内にいる人なら二択にするような選択肢ではなさそうです。

　つまり，同じ業界に属していても競争するとは限らないのです。ここで**戦略グループ**という概念が提唱されます。事業特性や収益構造の違いでグループ分けをして，業界という単位にとどまらず競争関係にある企業のグループを明らかにするための概念です。ポジショニングアプローチでは**ポジションつまり競合他社と見比べたうえでの相対的な位置取りが重要である**ので，競争相手を規

定するグルーピングが非常に大事なのです。

ポジショニングアプローチの限界

　ポジショニングアプローチは組織の外部つまり環境要因に目を向け，環境，具体的には5つの脅威に類する環境セクターと業界構造を分析し，最も収益性が高いポジションを見出すという発想です。ポジショニングアプローチは非常に有名かつ有力な学説ですが，どんな理論にも批判はなされます。

　では，実際にそういうアプローチをとったとしましょう。○○業界でこういうビジネスモデルを採用している企業が最も収益性のあるポジションだ，ということが判明したら，どのようなことが起きるでしょうか。

　まず組織変革に関わる問題を考えましょう。組織は現実的に考えて適切なポジション取りをすることがどの程度可能でしょうか。ポジショニングアプローチは，今から新しく参入するスタートアップ企業や，投資先を吟味している投資家にとっては有用です。しかし，すでに存在してしまっている企業組織にとって，いかほどの意味があるでしょうか。

ポジションは変えられるのか？

　具体的には，属している業界の収益性が低くポジションが不適であったとして，組織は自分のポジションをどのように変えられるでしょうか。

　高井製作所という，豆腐・豆乳の製造装置の専業メーカー，つまり「豆腐をつくる機械」をつくる企業があります[1]。お察しのとおり，成長産業とはいえない成熟した業界です。しかし高井製作所は業界でトップシェアを誇っており，徹底した効率化によるコスト削減と従業員満足度を両立させています。業界は衰退傾向にありながら企業は「ニッチ」的なポジションを得ています。

　こうした企業は日本にもたくさんありますが，豆腐の製造装置メーカーという業界を分析しても，けっして前向きな分析結果にはならないでしょう。しかし現実問題として何十年もその業界でやってきた組織には組織慣性が働き，自由にポジションを選択できるとは限りません。高井製作所にとってポジショニ

ング分析は，特に意味をなさないと考えられます。

　「置かれた場所で咲きなさい」ではないですが，**ポジションを変化させることが現実的ではない組織にとって，適したポジショニングを分析することの意味は薄いと言わざるを得ません。**

┃ ポジショニングは真似できるか？

　もう一つ，競争戦略上，より重要な課題があります。今から参入するポジションを決めるスタートアップ企業があり，ポジショニングアプローチに則って収益性の高いポジションを分析できたとしましょう。次に何が起きるでしょうか。収益性の高いポジションが事前にある程度予測できるのであれば，競合他社も同じような動きをするのではないでしょうか。

　つまり言い換えると，**適したポジショニングがみつかるとして，それはある程度明示的で誰でもわかるものである**可能性が高い。よって**模倣容易**であるため，結果的には平均的な収益しか得られないという指摘です。

　儲かるポジションをみつけて利益を得ても，そのポジションが「おいしい」ことがわかれば新規参入が増えることは容易に想像がつきます。もちろん参入障壁があればよいですが，あるとは限りません。このように考えると，結局のところ組織外部との関係（ポジショニング）より組織内部の事情（経営資源）のほうが重要ではないか。そう考えるのが，**経営資源アプローチ**です。

（3）経営資源アプローチ

　ポジショニングアプローチが組織外部に着目するのに対し，組織内部の特に〈資源〉に注目するのが経営資源アプローチです。経営資源アプローチの代表的論者であるバーニー（J. B. Barney）が提唱したのがリソースベースドビュー（RBV）です。RBVも，企業組織が競争に勝つ，つまり**競争優位**を得て，レントとよばれる「特別な利益」を得る方法に着眼します。

　RBVの視座からは，特別な利益が得られる条件は2つあります。①資源に差異があること，②資源の模倣や置換にコストがかかるか，不可能であること

です。

①については，資源が全く同じならば同じ結果しか得られないと考えます。何か違っていることが必要なのです。余談ですが，就職活動でみんなやっているようなこと，ありきたりな面接テクやインターンの経験，「ガクチカ（学生時代に力を入れたこと）」のアピールを繰り返しても，みんな同じようなことを言うのですから競争優位にはなりません。つまり，**差別化**こそが高い収益の源泉だと考えます。

次に②は，資源がマネできたり，よそから調達できたりするかどうかという点です。差別化ポイントが存在しても，それが簡単にマネできれば差別化はなくなります。あるいは他社から引き抜くことが可能なら差別化はできません。ある企業の競争優位の源泉が人的資源，つまり優秀な社員だとしても，その人材を引き抜いてしまえば競争優位は一気に逆転します。

この2つの条件をいかに満たすか，そのために経営資源をどう活用するかという観点から戦略を考えるのが経営資源アプローチの特徴です。

VRIN/VRIOフレームワーク

競争戦略論においては，できるだけ長い期間，ライバルよりも高い収益を得る〈**持続的競争優位**〉の獲得が戦略の究極的な目標だと考えます。経営資源アプローチが組織内部に注目することの根拠として，組織内部の強みは**市場で取引しづらく，マネしづらい**ことが挙げられます。

ある飲食店の人気の秘訣が「秘伝のたれ」にあり，秘伝のたれのレシピは公開されておらず，お金でも買えず，そして再現できない。これがまさに市場で取引できず模倣できない資源を有している状況です。

そうした持続的競争優位の条件をまとめたフレームワークが**VRINフレームワーク**です。価値（Value）と稀少性（Rarity）があり模倣困難（inImitability）で代替困難（Non-substitutability）であるという4つの要素の頭文字をとったもので，1991年の文献でバーニーが発表しました。ある資源に価値があり，簡単に入手できない稀少さがあり，マネしづらく，代わりがきかないのであれば

その資源は競争優位の源泉になるとまとめられます。

　なお，1997年以降の文献でバーニーはNをOに替えた**VRIOフレームワーク**を再提唱しており，こちらのほうが一般的に有名です。Oは組織（Organization）の頭文字です。なぜ組織をわざわざ加えたのでしょうか。

　先ほどの，人材が競争優位の源泉だという例を考えましょう。あるヒット商品の開発の中心になった社員がいて，ライバル企業がその人を引き抜いた。しかし思ったように結果が出ない。原因を探ると，その人は「前の会社の文化と全然違っていて雰囲気が合わない。また構造が違っていて上司とのコミュニケーションが難しい」と語ったとします。つまり，**ある資源が価値を発揮するためには組織の文脈が影響している**はずだと考えるのです。

　トヨタが世界的に卓越した結果を残しているので，人事制度やトヨタ生産方式などをマネしたがうまくいかない，というケースを考えましょう。その理由は，組織の構造と文化が異なるから，かもしれません。経営資源を活かすための組織の文脈もまた，資源の価値を発揮するために重要なのです。

　とはいえ組織は複雑な要素がからみあった資源の集合体であるがゆえに変革が難しく，また模倣もしづらいのですが。

コアコンピタンス

　経営資源アプローチから派生した有名な概念として〈**コアコンピタンス**〉があります。「競争優位をうみだす中核的な能力」という意味です。この概念は，**変革において先に変えない（変えてはいけない）ものを決める**という組織変革にとって重要なメッセージを含んでいます。

　〈**テクニカルコア**〉という概念があります。組織にとって優位性の根拠となる技術的な中核であり，変えるべきでない強みという意味です。コアコンピタンスはこれを拡張させ「中核的な組織の能力」について考えます。

　コアコンピタンスにもVRIOフレームワークが当てはまります。価値（V）があり，稀少（R）で，模倣困難（I）な自分たちの組織（O）の能力とは何であるか。そういった組織能力こそが組織の存続を支えると考えるのです。

　また，コアコンピタンスは中核的で不変であると同時に，静的つまり動かないものではなく，第6章でふれる組織学習によって培われ，だんだん育っていくものとして捉えられます。ということは，**コアコンピタンスには将来への構想や戦略的意図の構築も含まれる**のです。これは組織内にとどまらず投資家はじめステークホルダーとも共有されます。

　つまり，将来こうなりたいという戦略との整合性をとるために継続的に投資し，だんだんと培っていく組織の強みがコアコンピタンスなのです。**中核とすべく変えないものであると同時に，成長させていくために変えていくものでもある**のです。組織変革からすれば両面性を備えた複雑な概念です。ただ「変えてはいけない中核」という発想は，組織変革にとって非常に重要です。

　余談ですが，コアコンピタンスの原著とされる『コア・コンピタンス経営』は，学術書としては珍しく異例のヒットとなった本です。筆者の推測ではありますが，「時間をかけて自分たちの強みを育てる」というメッセージが，日本企業の文化や考え方に合致したのがヒットの理由ではないでしょうか。

　理論として正しいことも，言うまでもなく重要ですが，その理論がもつメッセージやストーリーがどれだけ組織にとって受け入れやすい，受け入れたくなるものなのかも，経営理論にとっては重要だといえるでしょう。

経営資源アプローチの問題点

　このように支持を得る経営資源アプローチにも批判は存在します。言ってしまえば，経営資源アプローチは第3章で述べた同義反復にかなり当てはまります。

　「価値のある資源」はまさにそれで，いったい何をさして価値のある資源とよぶのか，成功した企業の資源を後付けで「価値がある」と言っているだけではないかと批判されます。**経営資源に価値があるかの目利きは難しく，事前に評価できるとは限らない**からです。

　結果を知ってから「価値のある資源をもっていた」と説明するのは同義反復であり，理論として不十分です。そのうえで経営資源アプローチの正しい使い

方があるとすれば，**自社の価値観を養う**ことにあるでしょう。

　つまり，自社のコアコンピタンスについて考える過程で，自覚していなかった価値に気付けるかもしれません。実務に携わる人は常に多忙で，冷静に自社のことを振り返る機会がありません。改めてコアコンピタンスについて考えることで，自社の魅力に気付けたり構想が広がったりすることもあり得ます。

　後述するように，価値があると証明されるためには，事前期待と結果の合致が必要となります。**まだ価値が発揮されていないものに対して「ここに投資すべきだ」という目利きの力を養うためには，経営資源アプローチの考え方が助けになることでしょう。**

ポジショニングアプローチと経営資源アプローチのまとめ

- ◆ ポジショニングアプローチは組織外部の環境に注目し，自社のポジショニングが競争優位を決めると考える。
  - ▶ しかし，同じポジショニングの組織の成果が異なることを説明できない。また，ポジショニングは模倣容易なはずである。
- ◆ 経営資源アプローチは組織内部の資源に注目し，VRIO・VRINなどの条件を満たした資源が持続的競争優位をうみだすと考える。
  - ▶ しかし，主張が同義反復である。また，変化の激しい環境下の組織を説明できない。

2　ダイナミックケイパビリティ

　ここまでみた理論はいずれも経営学において代表的ですが，組織変革を直接的に扱ってはいません。しかしそれらの流れをくみつつ，組織変革をダイレクトに扱った概念がティース（D. J. Teece）という学者が提唱した〈**ダイナミックケイパビリティ**〉（dynamic capability）です。

　ティースの問題意識は「激しく変化する環境下」で企業がいかに競争優位を

得るのかにありました。経営資源アプローチは，どちらかといえば「じっくり育てる」という志向があり，不変の強みを活かすという発想があります。

　しかしそれでは，環境が目まぐるしく変わり，何が価値をもつのか短期間で変わる業界を説明できません。例としてIT業界が挙げられます。また第3章のシャープの事例でふれた液晶産業も，環境が1年ごとに目まぐるしく変わる状況でした。そういった状況下ではコアコンピタンスなどと言っている暇はなく，より動態的（dynamic）に組織の能力を構築する必要があるとティースは考えたのです。

　そこで提唱された概念がダイナミックケイパビリティ（以下，適宜DCと表記）です。ティースは，環境の変化が激しい業界で生き残る企業は競争優位の源泉が固定されておらず，常に変革し続けて競争優位を保つと考えました。

　同じ資源を活用して勝ち続けるのでなく，変革の連続で短いスパンの優位を連続的にうみだしている。それを実現するためには動態的な能力，**環境に適応するための柔軟な自己変革能力が必要**で，それがDCなのです。

　DCは3つのプロセスから構成されます。それぞれ感知（sensing），捕捉（seizing），変革（transforming）です。組織は，環境の変化や機会を「感知」し，その実状や情報を「捕捉」し，環境に合わせて組織を「変革」する。こうやって環境に適応して生き残っていく能力こそがDCなのです。

　DCは大きな反響をよぶと同時に，批判も展開されていきます。DCに関する批判の代表は「結局DCとは何であるか」という疑問でした。

（1）ダイナミックケイパビリティへの批判

　DCは，いろんなことが説明できて何だか重要そうだと多くの人が思ったと同時に，曖昧な点を多く残す概念でした。多くの学者が論じるなかで，まず提起されたのは「DCは組織が日常的に発揮できる能力なのか」という問いです。組織は，第6章で詳説するように〈ルーチン〉をもちます。日常的に繰り返され，固定化され，同じことを再生産し続ける能力のことです。

　ファーストフード店のアルバイトを想像してください。まったく未経験の人

であっても，慣れれば同じような業務の繰り返しで効率的に仕事ができるようになります。あれは，ファーストフード店がルーチンの教育に長けているからできるのです。

　そのような日々の業務を達成するために，組織に培われる業務能力（operational capability）とDCは同じなのか，はたまた違うのか？　という議論がなされました。結論としては，DCはそういうものではないと考えられます。

　業務能力は，既存の顧客に対して既存の方法で価値を提供する能力です。いっぽうで**DCとは変化を感知し捕捉して組織を変革する能力であるため，イレギュラーな性質が強く，ルーチンのように繰り返せるものではない**と結論されました。

　では，DCが組織として繰り返し発揮できる能力ではないのだとしたら，DCとはいったい何なのでしょうか。特に1997年の文献で論争をまきおこしたティースは，以降の研究では**DCとは経営者個人の能力である**と説明するようになります。

（2）ダイナミックケイパビリティと経営者

　DCが経営者個人の能力であるとはどういうことでしょうか。環境の変化は，突然訪れたり予測できないかたちで現れたりします。その感知と捕捉は組織が日々繰り返すような業務能力では対処できず，それが可能になるのは**企業家精神をもった経営者の能力によってである**とティースは考えたのです。

　わかりやすくいえば，スティーブ・ジョブズ氏のような経営者がイメージできます。彼らのような卓越した経営者は「次はこれが来る」という目利きを得意とします。しかしその読みはときに他人にとって理解し難く，既存の組織の考え方とあまりにかけ離れていたりします。それを強権をもって変革し，結果的に成功させる。そういう経営者の能力こそがDCだというのです。

　こう考えると，DCは組織というよりも個人がもつ能力です。かつ，ルーチンのように繰り返しではなく，偶発的で突発的な場面で発揮されます。「これ

は変革機会だとピンときた」とばかりに経営者が変革の時機を見抜き，きわめて主観的で，場当たり的にすらみえる判断によって戦略を決定します。その**イレギュラーな対応によって，組織は激しく変化する環境に対応する**のです。

3 組織変革は「運」しだい？

　このようにDCを捉えるとたしかに理屈は通っているように思えますし，直感的にも納得はできます。組織のほとんどのメンバーはルーチン的な繰り返し業務に従事するなかで，経営者は環境を把握し，変革すべきと判断したタイミングで変革を試みる。こうした**環境適応と組織変革こそが経営者の役割である**とDCでは考えるのです。

　そしてなお，しつこいように，さらなる疑問が浮上します。ならばDCとはきわめて主観的で根拠に乏しいのではないかという問いと，結局のところ変革が成功するかは運なのでないかという問いです。

（1）組織変革と主観

　DCを経営者の能力だと捉えるなら，結局はすべて経営者個人の判断に委ねられます。第3章で述べたように，そもそも**変革自体が，判断する人の立場や価値観によってそれを変革とよぶかどうかが変わってしまう**ものでした。

　Birnholtz, Cohen & Hoch（2007）はおもしろい対象を研究しています。とある子ども向けのサマーキャンプにおいて，期間中に参加者が目まぐるしく入れ替わった，つまり変化しました。ところが，サマーキャンプのコンテンツといったキャンプの内容じたいはあまり変わらなかったそうなのです。

　この事実に対して，参加したある子どもは「変化が大きかった（友達がみんな帰っちゃって知らない人ばかりになった）」と言うかもしれませんし，主催者の一人は「変化はほぼなかった（いつも通りの運営で終えられた）」と言うかもしれません。そもそも環境の変化の認識パターンが多様であるのに，その判断を個人に任せたら，余計に客観性など失われます。

96

　なぜ主観的だと困るのでしょうか。代表的な問題は，その**変革が主観的であることによって組織のメンバーが理解できない変革になる**可能性があるからです。スティーブ・ジョブズ氏は卓越した経営者でしたが，さまざまな意味で組織メンバーにとって受け入れ難い人でもあったようで，会社を追い出された経験すらあります。周囲の無理解は，変革の抵抗勢力をうむ原因となります。

　それらは経営者のリーダーシップ（第8章）や，正統性の獲得（第10章）などによって解決すべき難題になります。**経営者の主観に頼らざるを得ないにもかかわらず，組織が主観を信頼することは難しい**。こうしたジレンマがあるのです。

（2）組織変革と運

　ここで，DCの前提条件を整理しましょう。

（ティースによって修正された）DCの前提条件

◆　組織は，環境の変化が激しく不確実性が高い状況下におかれている。
◆　経営者は個人の主観に基づいて環境の変化を予測・捕捉する。
◆　その認知をもとに事業機会を発見し，変革をおこなう。

　このような条件で変革の成功を求められたとして，皆さんはどう思うでしょうか。きっと，正直な意見として次のような感想が出るはずです。「それはもう，能力とかではなく運の問題なのではないですか」。乱暴ながらも共感もできるこの意見は，実はそれなりの理論的な裏付けがあります。一部の学者は，**変革（DC）が成功するかは〈運〉だとまじめに考えている**のです。

　ナイト（Knight）の不確実性とよばれる概念があります。不確実性が究極的に高い，あるいは確率として表現できない不確実性のことです。現代のAI技術の発展などは，ナイトの不確実性に近い状況だと思われます。

　そのように将来予測が不可能といえる状況において「成功する」とは，**現在の予測と将来の結果を合致させる**ことを意味します。この予測とは，経営者個人の〈期待〉であり，別の言い方では〈主観的確率〉と表現されます。

　たとえるなら，5つの数字からランダムに1つ出るルーレットの予測と結果を合致させるようなものです。予測を当てた人ですら根拠を聞かれたら「なんとなく1が出ると思ったんです」としか答えられません。不確実性下において変革を成功させるとは，そのくらい運の問題だというのです。

　ある経済学者は経営者による事業機会の発見を「路上に落ちている紙幣を拾うようなもの」とたとえます（落ちているお札を拾ってよいかはさておき）。たまたまお札を拾ったとして，その人は拾うために努力を積んだわけでもないし，必然的に出会ったわけでもない。それは運と呼ぶしかないと考えるのです。

（3）経営者にとっての「運」

　そんなの理屈をこねくっているだけでは，と思うかもしれません。ただ興味深いことに，経営者は成功の秘訣を訊かれたとき，「運が良かっただけです」と答えることがあります（中野，2018）。

　ただの謙遜か，あるいは「秘伝のたれ」のレシピを教えてなるものかと適当にけむに巻いている可能性もありますが，当人も運の存在を自覚するのは興味深いところです。「私なりにすごく努力したし色々勉強したけど，結局運だと思うんですよね」と言われると，なんだか説得力すら感じます。

　では，結局運をつかむことでしかDCや組織変革の成功は導けないのでしょうか。組織変革の成功が運ならば他の努力は無駄なのでしょうか。そんなことはないでしょう。では，なぜそんなことはないと言えるのでしょうか。ぜひ読者の皆さんにも考えてみていただきたいですが，少しだけヒントになりそうなことを書いておきます。

　お札の例で言うならば，（そんな人はあまりいませんが，）お札を知らない人であれば価値があるから拾おうなんて思わず，紙切れだと思って見過ごすでしょう。本気でお札を拾おうとするならば人通りの多い道を調べるとか，地面

を見つめて歩くとか（危険なので皆さんはやめましょう），お金持ちのいそうな地域を探すとか，少しでも確率を上げる方法はあるにはあるわけです。

　最終的に得られるかは運であるとしても，その確率を少しでも上げる努力はできますし，逆に成功確率をゼロにしてしまうことはもっと簡単です。何もリスクをとらず，努力せず，ありきたりな資源しか有していないならば，激しい環境下で生き残れる確率は限りなくゼロに近づいていきますから。

　以上，複雑な箇所もあったと思いますが，経営戦略論はいろいろな経営学の下地になっているのでぜひ理解を深めてください。そのうえでDCは未だに議論の続く不思議な概念ではありますが，**鍵となるのは主観をいかに信頼し機会をつかむか**というところにあります。

　組織変革には，絶対的に信頼できる客観的な根拠がみつかるとは限りません。特に経営者ならば，自分しか信じていないような機会を信じてリスクをとることも，ときには必要なのかもしれません。その個人を組織としていかに見出し，権限を与え，バックアップするかが，組織の力が試されるところなのです。

ディスカッションポイント

- 経営戦略論の代表的な二つのアプローチについて確認しましょう。
- DCとは何であるかについて確認しましょう。
- あなたは「組織変革の成功は運でしかない」という意見について，どう考えますか。

|注

1　一橋大学イノベーション研究センター「株式会社 高井製作所の組織改革」（2010年7月30日）
　https://pubs.iir.hit-u.ac.jp/admin/ja/pdfs/show/1184

|引用・参考文献

Barney, J.B. 1991. "Firm resources and sustained competitive advantage." *Journal of*

Management, 17(1), 99-120.

Barney, J.B. 1997. *Gaining and Sustaining Competitive Advantage*. Addison-Wesley: Reading, MA.

Birnholtz, J.P., Cohen, M.D., & Hoch, S.V. 2007. "Organizational Character: On the Regeneration of Camp Poplar Grove." *Organization Science*. 18(2), 315-332.

Hammel, G. & Prahalad, C.K. 1994. *Competing for the Future*, Harvard Business School Press.（一條和生訳『コア・コンピタンス経営』日本経済新聞社, 1995年）

Porter, M. E. 1980. *Competitive Strategy: Techniques for Analyzing Industries and Competitors*. Free Press.（土岐坤・中辻萬治・服部照夫訳『競争の戦略』ダイヤモンド社, 1982年）

Teece, D. J. 2012. "Dynamic Capabilities: Routines versus Entrepreneurial Action." *Journal of Management Studies*, 49(8), 1395-1401.

Teece, D. J., Pisano, G., & Shuen, A. 1997. "Dynamic Capabilities and Strategic Management." *Strategic Management Journal*, 18(7), 509-533.

岩尾俊兵・菊地宏樹「ダイナミックケイパビリティ論からペンローズへ 経営学輪講 Helfat and Winter（2011）」『赤門マネジメント・レビュー』第15巻2号, 2016年, 99-108頁。

金井一頼「企業家と運：企業家活動とネットワークの視点から」『企業家研究』第6巻, 2009年, 91-103頁。

加納拡和「ダイナミックケイパビリティ論の課題と展望─企業家の役割に着目しながら」『商学研究科紀要』第83巻, 2016年, 25-39頁。

中野剛治「事業機会は『運』がなければ手に入れられないものなのか？」『赤門マネジメント・レビュー』第17巻6号, 2018年, 205-208頁。

第 6 章

変革と組織学習

　本書の構成は，あえて分けるなら第5章までを「第1部」とします。組織変革についてそもそも論から考え，組織変革に関する基本的な知識の確認（第2章），変革とその必要性（第3章），組織変革に否定的な立場（第4章），いかに組織変革をなすか考える立場（第5章），とみてきました。

　本章以降の「第2部」では経営学の組織変革と関係が深い概念をピックアップします。偶数の章では概念について詳しく学び，次の奇数の章には関係する事例を挿入し，理論編→実践編，という順番で変革への理解を深めます。

　さて改めて，本章では〈組織学習〉について学びます。皆さんも賢くなる（成績を上げる）ために学習した経験があるでしょう。個人と同様に，組織も学習すると考えます。変革とは今までと違うより良いものに変わることだとすると，新しい知識を仕入れて知らなかったことを知ることが必要です。そのように組織が学習をするという視点から，組織学習と変革について学んでいきましょう。

1　組織学習とは何か

　組織学習とは何でしょうか。〈学習〉の定義は「ある情報処理を通じて主体の潜在的な行動の範囲が変化したとき学習したとみなす」（Huber, 1991）とします。キーワードは「情報処理，行動範囲，変化」です。たとえば室内で飼われていた犬が，ドアが開いていたので外に出て，自由に外に出ていけることを

知ったとします。これは犬にとって情報処理がなされ（家の外の世界を見た），行動範囲が変化した（外に出られることを知った）ので学習であるといえます。

〈組織学習〉は字のとおり組織による学習です。稲水（2011）によると，組織学習は組織が環境に適応するために，問題解決プロセスを通じて既存のルーチンにとらわれない変化を起こす際になされます。キーワードは環境適応，問題解決，ルーチン，変化，です。すでに本書でも何度か出てきた単語もあります。

組織が環境に適応すべきというのは，本書の前提となる命題です。組織学習の目的は〈環境適応〉であると考える。また，もし組織が環境に適応しようとして何の苦労もなくできればよいのですが，なかなかそうはいきません。環境に適応するのはときに難しく，組織にとって未経験の課題となり得ます。生じる問題に対処するという意味の〈問題解決〉なのです。

そして〈ルーチン〉という耳慣れない言葉が出てきました。後で詳しく説明しますが，第5章で少しふれたように組織のなかで繰り返し行われる業務と捉えてください。環境に適応するために浮上してきた問題を解決したいのだが，その解決のためには既存の業務を繰り返すだけでは対応できない。こういう状況下で，組織を〈変化〉させる。これが組織学習なのです。

そう考えると，**組織学習は組織が変革するプロセスを対象とする**意味で，組織変革と密接な概念であるといえます。

（1）組織学習の類型

組織学習概念の代表的研究者であるフーバー（G. P. Huber）は，組織学習を4つのパターンに分類しました。それぞれ，①知識の獲得，②知識の移転，③情報の解釈，④知識の記憶，です。ひとつずつ確認しましょう。

① 知識の獲得

学習と聞いて一番シンプルに思いつくものでしょう。問題解決のために必要な知識を獲得することをさします。フィルムカメラからデジタルカメラに移行

するにおいてデジタルカメラに関する知識が不足しているので，新しい知識を
獲得するというイメージです。

　この獲得は，自社内で新しくうみだす場合もありますし，外からもらってく
ることもあり得ます。問題解決に必要なソフトウェアを専門の開発メーカーか
ら買うであるとか，デジタル技術をもつ会社ごと買ってしまうM&Aのような
ケースも，知識の獲得に含まれます。

②　知識の移転

　次に知識の移転です。たとえばデジタル技術を社内の研究者が開発したとき，
その知識が必要なのは研究開発部門の人々だけではありません。組織レベルの
学習のためには，管理職や経営者にも知識が届く必要があります。つまり，組
織はふつう知識を獲得するだけではなく適した場所に〈移転〉しないといけま
せん。なおこの項目は知識（情報）の分配と表現されることもあります。

　ところで知識移転は簡単にうまくいくものでしょうか。一概にそうとはいえ
ず，知識を伝達するのは思ったより難しいかもしれません。

　たとえばデジタル技術に関する知識が，専門性が高くその領域の専門家でな
いと理解できない場合，経営者に伝えても結局うまく伝わらないかもしれませ
ん。研究者はわかるのに経営者はわからない。もちろんその逆もあります。出
し手と受け手の性質の違いで知識の移転が阻害されるのです。なお，移転を阻
害する性質のことを知識の粘着性（knowledge stickiness）とよびます。

　また，組織内の情報流とコミュニケーションの流れがきちんとしていないと，
知識を適切に伝えられないことも考えられます。口頭で言うべきか，メールで
送るべきか，資料をつくるべきか。状況によってふさわしいメディアが異なり
ます。知識の移転にはさまざまな要因がからんでくるのです。

③　情報の解釈

　情報を「解釈」することも学習とみなします。この類型は，後述する事業の
再定義にあたり，組織変革にとって重要なパターンです。

　たとえば「自社が開発を進めている製品の価格が，ここ数カ月でどんどん下がっている」という情報を得たとしましょう。この情報を学習に活かすためには解釈が必要です。この情報は「競合他社が価格を下げているメカニズムを知ることが必要だ」と解釈できますし，「他社が価格を下げるならば，うちは高価格帯で付加価値をつけたい」とも解釈できます。「ここまで価格が下がったら撤退するしかない」という解釈にもなるでしょう。

　ある一つの情報に対する解釈が異なるというだけで，価格競争への参入，高価格路線による差別化，事業からの撤退というまるで異なる方向へ組織を変革していくことになります。特に，不確実性の高い環境において得られる情報は，一義的（たった一つの意味）に解釈できるものではないこともあります。**情報をどう解釈するかも，重要な学習の一つなのです。**

　④　知識の記憶

　知識を貯める，覚えることも学習です。知識を獲得して，移転して，解釈すれば終わりではありません。組織としてどういう知識を得たのか，どう学習したのかは何らかのかたちで記憶しないといけません。個人の記憶ならば「頭の中」にあります。組織はどうでしょうか。組織は人体のように「脳」をもちませんから，特別な記憶の仕組みをつくらないといけなくなります。

　知識の記憶において気をつけるべきは**知識の属人性**です。知識を獲得し移転するのは基本的に個人です。しかし組織学習においては，ただメンバーが知識を得るだけでなく組織に残さないといけません。もし特定の個人がもったままだと，その人が異動や退職をすれば知識は組織からなくなってしまいます。**個人の知識を集約・共有・管理し，〈組織知〉とすることが重要なのです。**

コラム｜知識は移転する？　分配する？

　さきほど②に「知識の移転」という見出しをつけました。しかし，フーバーの原著ではinformation distributionつまり「情報の分配」と表現されています。いっぽ

う安藤（2019）をはじめ，「知識（の）移転（knowledge transfer）」と表現する文献もあります。なお知識移転はイノベーション研究でよく用いられる概念です。

　何が違うのかという話ですが，重要なのは知識（情報）は「わけあいっこ」できるのかという問題です。知識移転では特許など，明示的に所有権が移るものが主にイメージされています。対して，「こういうことがあった」と知らない人に教えてあげるのは分配です。シェアと言ったほうがわかりやすいかもしれません。学習の対象となる知識の性質にも，目を向けてみましょう。

（2）低次学習と高次学習

次に，具体的にどんなものが組織学習だといえるか考えましょう。

低次学習

　組織学習の代表として業務改善が挙げられます。たとえば生産現場で歩留まり率（不良品が出る割合）が高いという問題があったとします。生産現場は基本的に同じ動作を繰り返す性質が強い職場なので，「そのうちよくなる」ではなく改めて学習をする必要が生じます。

　そこで熟練工の方に研修してもらうことになりました。熟練工から改善点を指摘され，ノウハウを教えてもらい（知識の獲得），従業員らも質疑応答しながら（情報の解釈），組織としての生産管理プロセスの改善（組織学習）ができました。また研修の内容は資料としてまとめられ，研修に参加できなかった社員にも伝えられ（知識の移転），次年度以降の新入社員にも共有されました（知識の記憶）。

　ここに挙げた学習は**低次学習**とよばれます。解決法が世の中のどこかに存在し，それをみつけて当てはめることで問題が解決される学習のことです。

高次学習

　次に，こんな例を考えてみましょう。ある会社はニッチな分野ながらそこで

高いシェアを誇っていました。しかし，環境の変化によって収益性が下がり，何か新事業をはじめようと思った社長は，社員と面談の機会をつくります。ところが面談では，新事業など想像もつかない，できれば関わりたくないという声が目立ちました。ニッチな領域でよく言えば安定的な，悪く言えば起伏のない業務に慣れきっていたので，新事業など考えたこともなかったのです。

　社長は，組織変革のために意識改革が必要だと考えました。そこで，創造性を磨き新事業創造に前向きにとりくめるような研修を社内で実施します。リーダーを任命し，そのリーダーは新事業創造の文献をみずから調査し（知識の獲得），社員との勉強会で披露していきます（知識の移転）。

　そこでは，文献の内容を共有するのみならず，紹介された手法を，実際に手を動かして実践したり，粘り強く対話したりすることで，社員のなかでも新事業創造の捉え方が変わってきました（情報の解釈）。努力の結果，社長からみても社員間の空気が変わってきており，個人の枠を超えて組織の風土が変わっていることを感じました（組織の記憶）。

　こういった「雰囲気が変わる」ことも組織学習の一つです。かつ，明示的な知識のみならず価値観や理念の変革をともなう学習を**高次学習**とよびます。

2 組織ルーチン

　組織学習には4つの類型があることを確認しました。そして，組織学習の研究には大別して3つの「流派」があります。それぞれ組織ルーチンに注目する系譜，「シングル・ダブルループ学習」に注目する系譜，「アンラーニング」に注目する系譜です。

（1）組織ルーチンとは何か

　組織学習の中心概念に〈**組織ルーチン**〉（organizational routine）があります。ルーチンはルーティン，ルーティーンと表記されることもあり「モーニングルーティン」などの表現で日常的にも使われる言葉で，「刺激に対して固定さ

れた反応の集合」と定義されます。「モーニングルーティン」の場合は，朝，太陽の光で目覚めること（刺激）に対して，ある人はまず水を飲み，歯を磨き，ストレッチをするのが決まりごとである（固定された反応の集合）ため，ルーチンとよびます。そして組織のなかにあるルーチンが組織ルーチンなのです。

　組織にはさまざまなルーチンがあります。たとえば電話応対をするオペレーターは，電話をとったらまず，マニュアルに従って応答し，決められた手順で対応しようとします。そこに疑いや思考の余地はなく，条件反射でやっている。これはまさに刺激に対する固定された反応です。

ルーチンがつくられるプロセス

　ルーチンがつくられるプロセスの特徴は2つあります。まず，**ルーチンが頻繁におこなわれ，かつ繰り返される**ことです。オペレーターは毎日，多ければ数十件もの電話対応をするので，かなり頻繁に繰り返しおこないます。こうなると，最初は不慣れでたどたどしくても，だんだんうまくなって普通にできるようになっていきます。

　次に，**意思決定が単純化されている**ことです。最初の挨拶のみならず，オペレーターの業務は多くの場合マニュアル化されていて，どういうパターンにどう対応すればよいかが固定化されています。ゆえに個々人がいちいち意思決定をする必要がない，あるいは意思決定が単純であるので，そこにストレスやコストをかけずに済むのです。

　こうした特徴は組織にとっては有益です。なぜなら，組織ルーチンの形成によって，ばらつきなく同じ結果をうみだせるからです。これは**効率性**の観点から非常に重要です。特にものづくり企業の場合，ばらつきが出ると不良品の出現につながり，生産体制のストップや顧客からのクレームをまねきます。**効率よく同じ質のアウトプットを量産**するために**組織ルーチンは必須**なのです。

　組織ルーチンはある意味で組織変革と真逆の志向性をもっています。**組織の目的によっては，全く同じ作業を不変に繰り返すことが必要である**ことも少なくないのです。変革しないことに価値がある代表例といえるでしょう。

ルーチンの器，ルーチンの束

そのように大事な組織ルーチンは，組織のいたるところに出現します。たとえば，従業員それぞれの習慣も組織ルーチンです。職場のみんなが必ずコーヒーを飲んでから仕事にとりかかる習慣があればそれは組織ルーチンですし，組織としてはコーヒーメーカーを準備するなどして，従業員のモチベーションや満足度向上に寄与できます。

また，マニュアルや標準作業書も組織ルーチンです。特に接客などの対人業務や機械を操作する仕事では，個々人の行動をすべて標準化することは珍しくありません。個人の能力や思考の差をあえて問わずに組織がベストだと考える手法を適用し，業務をルーチン化する。これによって効率性が得られるのです。

広い意味では，組織構造もまた組織ルーチンです。ヨコの分業構造とタテの指揮命令系統があることによって，組織全体の仕事が効率的に配分されます。問い合わせがあった際に「その質問ならこちらの部署で，それなら○○さん」といったように刺激に対して反応が固定化することで，情報処理が効率的になるというメリットがうまれます。

このように組織のなかには，組織を回すための大事なルーチンがたくさん含まれており，その意味で**組織はルーチンの器である**，つまり形成されるルーチンを貯めておく場所だといえます。また同時に**組織はルーチンの束である**，ルーチンをまとめて連鎖させることで成立していると捉えることもできます。

（2）組織ルーチンと組織学習

さて，組織ルーチンの意味と効用を確認しました。では組織ルーチンは組織変革とどのような関係があるでしょうか。最も重要なのは，**組織変革においては必ず，何らかのルーチンを変革する，あるいは既存のルーチンを止める必要がある**ということです。具体的な例をいくつか考えましょう。

ショートケース①

　あるハンバーガーショップで，新メニューのライスバーガーを導入することにしました。若者中心であった既存の顧客層に加えて，中高年層の開拓を狙った変革です。テストマーケティングは良い結果でお客さんへの訴求力は期待できるのですが，キッチンでは既存のルーチンとは違う手間がかかり，うまくいかないことがわかりました。

　必要な調理器具や調理の方法が異なるためキッチンの設備を変えないといけないし，そうすると既存のルーチンが変わってしまうという報告がキッチンからなされたのです。

ショートケース②

　ある人が海外子会社の支社長として赴任することになりました。その人が本社でいつもやっていた朝礼をしようとしたところ現地の従業員に不思議がられました。その国では業務前の朝礼などしておらず，慣れないし意味も感じられないからやらない，と言われてしまったのです。

　驚いて調べると，海外子会社は現地の習慣に合わせてルーチンをカスタマイズしており，それは本社とは全く異なったルーチンを形成していました。そこで，海外子会社も本社のルーチンを採用したほうが効率的ではないかと思って，変革を試みます。

ショートケース③

　ある組織は定期的に避難訓練などで災害時の動きを確認し，災害対応をマニュアルにして，組織ルーチン化をめざしていました。ところが，東日本大震災など大規模な災害が起きるなか，マニュアルが30年前から変わっていないことが判明します。

　さすがに新しいマニュアルにアップデートするべきだと意見が出ますが，どの箇所をどうやって変えればよいのか見当がつきません。あるメンバーは，今まで問題が起きていないのだから変えなくてもよいのではと発言し

> ました。

　これらはみな，大なり小なり組織ルーチンを変化させようとする例です。組織変革においては組織ルーチンの変革が必要になります。では組織ルーチンの変革に際してどんな問題が生じ，組織はそれにどんな対応ができるでしょうか。

（3）ルーチンの入れ替え

　組織の変革にともなってルーチンを変えるには，**既存のルーチンと新しいルーチンを入れ替える**のが基本的な方法です。今までA1というルーチンを使っていたのであればA2にアップデートする。あるいはB1にアップグレードすると考えてもよいでしょう。

　ルーチンを入れ替えるためは，新しいルーチンの候補が存在しないといけません。だから組織学習が重要になります。もし組織にとって既存のルーチン以外の選択肢が存在しないなら，組織学習や組織変革など実現しようがありません。いかに**ルーチンの引き出しをもつか**が，組織変革にとって重要なのです。

　かつ，選択肢は3つ考えられます。それぞれ，すでに社内にある別の知識を用いる，新しく創造する，他社から移転する，です。このようなパターンをふまえても，組織学習における知識の移転や記憶がいかに重要かがわかります。

ベストプラクティスとGE

　ベストプラクティスという言葉があります。同じプロセスに関する最高の事例という意味です。特に優れた組織ルーチンは模範として他の組織に紹介され，他の組織もそれを実践しようとします。

　ゼネラル・エレクトリック（GE）社は，発明家のエジソン（T. A. Edison）が創立した企業です。長らく世界最大規模の企業として君臨し，今も存在感をはなつ世界的大企業です。そのGEは1980年代に，生産効率性を高めるためCEOのウェルチ氏（J. F. Welch）が主導して抜本的な組織学習をおこないました。

　GEは世界中の製造業を調査し，ベストプラクティスを自社にとりこむこと
に成功しました。日本の製造業も調査の対象となったようです。この事例では
CEO自らが本腰になって変革にとりくんだことが評価されています。第8章
のリーダーシップにも関連する事例です。

　またこの事例では，まずは他社の方法を模倣し移転することを前提に知識が
吸収され，その後自社の文脈に合うようカスタマイズされたと考えられます。
ルーチンを外から移転するのも，プロセスがなかなか複雑なのです。

ディスカッションポイント

- 　組織変革のために必要な新しいルーチンが獲得できたとします。それを既存
のルーチンと入れ替えるとき，どのような問題が生じるでしょうか。

3　シングルループ・ダブルループ学習

　次の系譜は，アージリス（C. Argyris）の考えに基づき，組織学習を2種類
に区分します。それぞれシングルループ学習とダブルループ学習です。さす意
味は低次学習・高次学習に似ています。シングルループ学習とは，組織がもつ
既存の価値観や認知枠組みに基づいて効率化や誤りの修正をする学習です。

　対してダブルループ学習とは，既存の価値観や認知枠組みを疑問視し，それ
らを根本的に変えようとする学習のことをさします。

（1）シングルループとダブルループの違い

　イメージがつかみづらいでしょうから具体例を挙げましょう。次の計算をし
てみてください。

$$10+10+10+10+10+10+10＝?$$

　この問題を解くには，小学1年で習うものですが「足し算の解法」に関する知識が必要です。ただ，項が2つの計算しかできないとか1桁の足し算しかできない子どもは，徐々に足し算に関する学習を重ねていきます。そのように「足し算」という分野に関して徐々に知識を積み重ね，誤りを修正し，効率的により難しい問題を解けるようになるのがシングルループ学習です。

　対して，別の解法もあります。「10が7つあるから，$10 \times 7 = 70$というかけ算で解ける」と瞬時に思った人も少なくはないでしょう。この場合かけ算という知識が必要なので，小学1年生にはできないかもしれません。

　重要なのは，どれだけ足し算を極めてもかけ算の思考に至る可能性はない（低い）という点です。足し算の問題として提示されているにもかかわらず，「足し算以外の方法があるかもしれない」ことに気付き，自分のもっている知識と組み合わせ，より良い方法によって問題解決を試みる。このように既存の認知枠組みから脱しておこなう学習をダブルループ学習といいます。

　別の例からも考えましょう。「壁のスイッチを押せば電気がつく」という知識を獲得したとします。人によってはその知識を効率化し，指で押さなくても何かで押せば電気がつくとか，もう1回押せば消えるなどを学習していきます。これがシングルループ学習です。

　ここで，「ところでなぜ電気がついたり消えたりするのだろうか」と疑問をもった人は，その仕組みの解明を試みます。本を読んだり，ネットで調べたり，実際に機械を分解する人もいるかもしれません。そうした試行錯誤のすえ，スイッチと電気の関係についてより深く知識を獲得した場合，それはダブルループ学習であるといえます。

　トイレの水を流せない人はほとんどいません。しかし数年前に流行ったとある本によると，トイレの水が流れる仕組みについて説明できる人はほとんどいないそうです。自転車が走る仕組み，傘が開く仕組み，なんでもそうです。**私たちは，身の回りのほとんどのことについてシングルループ学習しかしておらず，ダブルループ学習をせずに生活しています。**

（2）ダブルループ学習の重要性

　日常生活にはダブルループ学習は必須ではなさそうです。しかし，組織変革においてはダブルループ学習が重要だといえる理由があります。なぜなら，**シングルループ学習しかできない組織は，ダブルループ学習を達成した組織に対して効率性や創造性で劣ってしまう可能性が高い**からです。

　先ほどの例にのっとれば，足し算しかできない企業ばかりの中にかけ算ができる企業が出現すれば，その企業が利益を総取りしやすくなります。生産効率を上げる，製品の質を良くする，今までにない技術をうみだすなどの局面において，**過去にない飛躍的な進化をしたければダブルループ学習をする必要がある**のです。

ハリウッドの主要産業は映画ではない？

　具体例を挙げてみましょう。マーケティングにおいて非常に著名な学者であるレヴィット（T. Levitt）という人が紹介している有名な話です。

　アメリカにハリウッドという場所があります。映画にかかわる組織や人が集積した地域で，世界最大・最高峰の映画の「生産地」といわれます。現代でも多くの有名な映画や人材を輩出しているハリウッドですが，実は大きく衰退した時期があったというのです。

　そのきっかけは，テレビ放送の出現でした。テレビ放送は登場まもなくアメリカで大人気となり，人々は映画ではなくテレビを観るようになります。まさにハリウッドにとって大きな環境の変化があったわけですが，ハリウッドはテレビの出現に対して特別なアクションをとらなかったそうです。

　その主たる理由は「映画産業は今十分な人気を得ており，その人気が低下する気配はない」「映画とテレビは別物である。テレビを観る人が今後増えたとしても，映画に影響はない」という考えでした。第 5 章の経営戦略論にも通じる，競合が誰であるかの認識についての問題です。

　結果的には，顧客にとって映画とテレビは「どちらを観て楽しむか」という

代替の関係にあったと考えられます。限られた時間とお金をどちらに使うのかといわれたら，顧客は映画よりテレビを選んだのです。

レヴィットはこれについて，ハリウッドは自分たちの事業が何であるか考えるべきだったといいます。**ハリウッドの主要産業は映画産業ではなく娯楽産業だ**というのです。ここでは，マーケティング学者であるレヴィットならではの視点として，顧客が得る〈便益〉に注目しないといけません。

つまり，顧客は何を求めているのか。ほとんどの顧客は，実は別に「映画が観たい」わけではない。映画を通じて「楽しみたい」「非日常を感じたい」「エキサイティングな経験をしたい」と思っているはずです。それこそが映画を観て顧客が得る便益（顧客が得ることのできる利益）だというのです。

映画産業としてみるならば，テレビ放送は別の産業です。しかし娯楽産業として捉えるなら，テレビ放送は映画にとって競合関係にある同業他社だといえます。このときハリウッドが自身らを娯楽産業だと定義していれば，テレビ放送という環境要因に対してもっと優れた施策がうてたはずだと考えられます。

ダブルループ学習と事業の再定義

この事例はダブルループ学習の重要性を示すものです。ハリウッドにおけるシングルループ学習とは「質の高い新しい映画を効率よくつくる」ための学習です。その結果として，良い映画はできるものの，顧客は必ずしも喜ばないかもしれません。テレビもおもしろいし家で観られるからテレビのほうが良いと思えば，顧客は映画ではなくテレビを選択します。

しかしダブルループ学習をおこなえば，自身らは娯楽産業に属すると再定義できます。そのような価値観に基づけば，「映画を観に来るお客さんをより楽しませる要素とは何だろう」「テレビやほかの娯楽にできない映画の強みとは何だろう」といったように**問題の定義が全く異なってくる**のです。

その結果として，音響設備や3Dといった映画館における体験を重視する，家族やカップルで思い出作りになる要素を盛り込む，飲食やグッズなど物販を充実させる，などテレビにできない施策を思いつくでしょう（余談ですが，現

代の映画産業はそういった方向への努力に傾いています）。**環境が不確実で，より未知の経営課題にぶつかるような状況でこそ，ダブルループ学習による価値観の変革が重要となる**のです。

なお，自分たちの事業の定義を変えることを〈**事業の再定義**〉とよびます。目まぐるしく環境が変わる状況では，企業はときに柔軟に自身らの事業を再定義して，その環境に対応しようとします。第7章でふれるキヤノンも，事業の再定義を柔軟におこなって生存してきた企業です。

言うは易く行うは難し

ここまでみると，ダブルループ学習はたしかに重要だと思うかもしれません。と同時に，ダブルループ学習の最たる問題について考えないといけません。**ダブルループ学習は根本的に相当難しい**ということです。第4章の組織慣性をふまえると，余計にそう思うでしょう。

先述のレヴィットは，ハリウッドの事例に関連して〈**マーケティング近視眼**〉という有名な概念を提唱しています。自分の近くしかみえない視野狭窄に陥り，事業機会の認識や脅威への対応が遅れてしまうという意味です。

これは第5章のダイナミックケイパビリティにも関連します。組織が生き残るためには経営者が主観を駆使して環境を読みとき，組織を変革しないといけません。しかし，自らの認知の根本を変えるのは並大抵のことではありません。

第3章のシャープの事例でも，もしダブルループ学習ができていれば危機を脱した可能性もあります。いっぽうでシャープは，液晶事業において売上高やシェアといった指標で好調でした。（部分的には）成功している状況で自分の認知を疑うことが，どれだけできるでしょうか。また，経営者のような人々はもれなく「成功者」です。その世界で成功体験を繰り返してその地位まで昇りつめ，自分に対して絶対に近い自信をもつ人も少なくないでしょう。

映画産業にしても，そもそも映画産業にいる人は映画が好きで，魅力を感じてそこにいるわけです。価値観は**アイデンティティ**にも密接に関係します。映画が儲かるからではなくて，映画が好きで良い映画がつくりたいから映画産業

にいる。そういった人々に対して「映画は娯楽産業だ」と言って，どれだけ通用するでしょうか。

近視眼はダブルループ学習の阻害要因に間違いありません。しかし，**近視眼であるからこそ業界で活躍し，地位を得る人もいる**ことを忘れてはいけません。近視眼的にシングルループ学習を重ねるから自信もつくし，モチベーションもスキルも上がる。**シングルループ学習によって能力や地位を得て，同時に近視眼を強めていく。**これはダブルループ学習のもつジレンマです。

シングルループ学習とダブルループ学習

- ◆ シングルループ学習とは，既存の価値観や行動を徐々に改善していく学習である。既存のルーチンを変えずに学習できることも多い。
- ◆ ダブルループ学習とは，既存の価値観やものの考え方を覆す学習である。組織の競争優位につながり得るが，非常に難しい学習である。

---

4 学習棄却（アンラーニング）

3つ目の系譜，**学習棄却（アンラーニング）**に関する研究には，組織ルーチンやダブルループ学習の問題を解決するヒントが含まれます。代表的学者のヘドバーグ（B. Hedberg）は，アンラーニングを「時代遅れであったり人を誤った方向に導く知識を組織が捨て去るプロセス」（Hedberg, 1981）と定義します。

実はこれは，組織ルーチンの最後のディスカッションポイントやダブルループ学習がいかに達成されるのかといった問題への一つの答えになっています。アンラーニングを適切におこなえば，古い不要な知識を捨て去って新たな学習がやりやすくなるはずだからです。

（1）変革にいたる学習のプロセス

以上3つの系譜を統合すると，変革のための組織学習の道筋がみえてきます。

組織ルーチンの構築とシングルループ学習

まず組織は根本的に**ルーチンの器あるいは束としての性質をもちます**。毎日のように繰り返す業務の積み重ねによって業務を効率化するのです。もしルーチンがなければ企業として成立するような効率は達成されません。組織ルーチンの構築と管理は組織マネジメントの基礎であるといえます。

また組織ルーチンは不変ではなく改善もされます。**既存のルーチンの問題点を発見し部分的に改善するのがシングルループ学習**です。多くは組織メンバーにストレスのない程度の変化におさまります。

とはいえ，継続的なルーチンの改善は大きな競争優位につながり得ます。日本のものづくり企業が得意としてきたカイゼン（改善活動）は，シングルループ学習の範疇で組織ルーチンを改善することだと解釈できます。これらは現場の人々が中心になりボトムアップでおこなわれることが多いのも特徴です。

大きな変化に対するダブルループ学習

ところが，既存ルーチンのシングルループ学習だけでは解決できない問題が浮上することもあります。環境が大きく変化し，強大なライバルが登場したり，法制度の改正によって変革を余儀なくされるような状況です。このとき，既存の価値観や認知枠組みを変革するダブルループ学習が必要となります。

価値観や事業の定義を丸ごと変えないといけないような環境の大きな変化に対しては，ダブルループ学習が有効であるのです。かつ，ここまで大きな変革となるとボトムアップのみならずトップダウンの変革が必要となります。

ダブルループ学習のためのアンラーニング

そしてダブルループ学習は，かなり難しい営みになります。価値観や組織文

118

化を養い認知枠組みを強めることがシングルループ学習の基礎であり，それに
よって組織は生存するからです。ここでアンラーニングが必要となります。**認
知枠組みごと変えるために，アンラーニングによって既存の知識や学習を忘れ
てしまえばよいのです。**

（2）何が組織学習を主導するのか

　最後にもう一つ問いを投げかけましょう。ここまで読んだ方なら，また同じ
ような問いが浮上することが予測できるかもしれません。**アンラーニングはど
うすれば達成できるのか**という問題です。忘れればよいのだとは言いますが，
意図的に忘れる方法なんてあるのでしょうか。

　このように経営学の学習は，**次から次へと問いが答えをうみ，そしてさらな
る問いをうみだすという問いと答えの連鎖である**といえます。終わりのない学
習の連鎖（ループ）を，少し擬似体験して楽しんでもらえればと思います。

　なおアンラーニングの達成についての答えの一端は，第8章のリーダーシッ
プに示されています。アンラーニングもまた，リーダーのような権限の強い人
物が推進すべきだと考えられているからです。それぞれの章の学習はけっして
独立で無関係ではなく，相互に関連していることに注目してみてください。

学習のポイント

- 組織学習が意味するものと，3つの系譜について確認しましょう。
- 組織変革における学習のプロセスを確認しましょう。
- ダブルループ学習やアンラーニングをおこなった実例について考えてみま
  しょう。組織ではなく個人についてでも構いません。
- そのときに鍵となった考え方や体験について，共有してみましょう。

|引用・参考文献

Argyris, C. 1977. "Double loop learning in organizations." *Harvard Business Review*, 55(5),

115-125.

Hedberg, B. 1981. *"How organizations learn and unlearn"* In P. C. Nystrom & W. H. Starbuck（Eds.）, Handbook of organizational design（pp. 3-27）. London: Oxford University Press.

Huber, G. P. 1991. "Organizational learning: The contributing processes and the literatures." *Organization Science*, 2(1), 88-115.

Levitt, T. 1960. *"Marketing myopia."* *Harvard Business Review*, 38(4), 24-47.

安藤史江『コア・テキスト 組織学習』（新世社，2019年）

稲水伸行「組織学習」高橋伸夫編著『よくわかる経営管理』（ミネルヴァ書房，2011年）182-183頁。

第 7 章

絶え間なき組織学習

事例 4 ：キヤノン

本章では，企業の具体的な事例から，組織学習を復習します。対象事例はキヤノン株式会社（以下，キヤノン）です。現在も強い存在感をはなつ，日本を代表する企業です。ところでキヤノンは「何の会社」でしょうか。もしこの答えが統一できないとしたら，その「ばらつき」にこそキヤノンの組織学習の成果があるといえるでしょう。改めて本章では，キヤノンの事業の変遷を追いつつ組織学習についての理解を深めていきます。

1 キヤノンの黎明期

キヤノンは1937年に創業した会社です。なお公式サイトでは1933年の「精機光学研究所」設立から歴史が紹介されています[1]。会社が正式にできたのは37年ですが，前身となる活動は33年から始めていたのです。

1947年には精機光学工業株式会社からキヤノンカメラ株式会社に改称します。キヤノンという社名は英語での響きを意識したといわれています。また社名からわかるとおり，しばらくはカメラの会社として発展した企業です。

カメラ事業を主力としてきたキヤノンに特徴的な点として，**海外志向が強い**ことが挙げられます。1946年には戦後初めての新製品カメラである「キヤノンS II」を発売し，いわゆる進駐米軍に人気を得ます。戦後の混乱のなか46年には新製品を投入するところにたくましさが感じられます。

　こうした黎明期の成功体験から，海外進出という価値観が育まれたことが想像できます。海外進出に積極的なキヤノンは，1955年にニューヨーク支店を開設し，1967年には輸出比率が50%を超えます。1950-60年代からすでに国際化に成功していた企業が存在することは，現代でも，現代だからこそ注目すべきことでしょう。

　キヤノンは技術にも定評があり，カメラ事業において，キヤノンは数年おきに先駆的な技術や製品を開発してきました。またキヤノンの強みは特許戦略であるといわれます。新技術を法的に保護するための知財（知的財産）戦略に優れるという特徴は現在も変わっておらず，一貫して技術を中核とした組織づくりをしてきたことがうかがえます。

　いっぽうで，キヤノンはカメラ事業だけに依存してきたわけではありません。1962年には「第一次5カ年計画」を策定します。これは「事務機」つまりオフィスで使われる複写機（コピー機）の分野に本格的に参入する戦略を示したものです。なお同時に，電卓などの計算機事業にも参入します。

（1）事業転換のきっかけ

　市場シェアなどで好調なカメラ事業があるにもかかわらず，なぜ新規事業への参入を考え始めたのでしょうか。その理由は，キヤノンはカメラ事業の限界に気付いていたからでした。

カメラ事業の弱点

　カメラ事業は大きく4つの弱点をかかえる事業です。まず，カメラは「季節商品」つまり季節によって売れ行きが変わる製品です。現代はスマートフォンが普及し，日々の出来事を毎日のように写真におさめる習慣があるかと思われます。カメラが普及していなかった当時，カメラをわざわざ買うきっかけは，記念写真を撮ることにありました。

　つまり，子どもの卒業や入学が多い3〜4月に最も売れる製品だったのです。季節ごとに売上がぶれると，生産・販売もイレギュラーになってしまいます。

ものづくり企業の理想は，需要が常に予測でき，季節ごとの生産販売のばらつきが少ないことです。カメラはそうではなかったのです。

　次に，カメラは本体売り切りの製品であることです。これもものづくり企業の宿命で，カメラは一度買ったら同じ人が頻繁に買い替える製品ではありません。かつては，高価な１台のカメラを家族で購入し何十年も使い続けるという家庭もあったはずです。

　ものを大事にするであるとか，自社の製品をそのように使ってもらうこと自体は嬉しいことかもしれませんが，ビジネスモデルとしては弱点になります。**カメラは継続的・定期的に買ってもらうことが根本的に難しい製品なのです。**

コラム｜買い続けてもらうために

　〈計画的陳腐化〉という概念があります。購買のサイクルを早めるために，意図的に「陳腐化」つまり既存の製品に価値がないかのようなマーケティングをしかけることです。アパレル産業では常態化しているといえる手段です。

　服は着ようと思えばかなりの年数着ることができますが，新しい製品が売れないと困るので，アパレルをはじめファッション産業では，トレンドを意図的にうみだし消費者の買い替えを誘発しています。結果的に，まだ着られる服を「ダサい」「もう古い」として捨ててしまい，新しい服を買う人は少なくありません。

　SDGsなど無駄を敵視する社会の流れからすると負の側面を感じるものの，ビジネスとして成立させるには仕方ない面もあります。

　３つ目に，カメラの普及率の高まりです。カメラは1961年には普及率が50%を超える製品になっていました。ただでさえ買い替えが起きづらい製品であることに加え，**普及が進むと余計に新しいカメラは売れなくなる**のです。

　最後に補完財メーカーとのかねあいです。ある製品・サービスの便益を高める関連の製品・サービスのことを補完財といいます。カメラにとってのフィルムです。カメラの買い替えはそんなに起きませんが，フィルムは買い替えが頻繁に起きる消耗品です。つまりビジネスとしてはフィルムのほうが長期に安定

した収益がみこめる製品だといえます。

　ならばキヤノンとしてはフィルム事業も展開していれば安定した収益が期待できるのですが，フィルムは本書でも何度も紹介しているコダックや富士フイルムが製造販売していました。**安定した収益源となる補完財は他のメーカーが展開しており，キヤノンが進出できていない**という背景もありました。

（２）既存事業の限界と事業機会の認識

　こうした要因を背景として，キヤノンはカメラ事業以外の新事業への進出を考え始めます。特筆すべきは，**事態が深刻になる前にビジネスと業界の構造を認知できている**ことでしょう。先ほど述べた要因はものづくり企業にはいずれも当てはまることが多く，実際に1980年代以降，同様の問題に直面して業績を落とすメーカーは数多く存在します。キヤノンは**現代でも十分通用する経営のセオリーを1960年代から認識していた**という点で特筆すべき企業です。

　第３章のシャープも同じような側面があります。液晶テレビは買い替えが起きやすい製品ではないのだから回転のよい補完財で収益を得るという戦略もあったはずです。あえてシャープとキヤノンを比較すれば，事態が悪化する前に選択肢を考えていたのか，ビジネスモデルを俯瞰し分析ができていたのか，という点に分かれ目があるといえます。

コラム｜イノベーションにおける利益の奪いあい

　組織変革には直接関係のない余談ですが，実は複写機の補完財であるインクカートリッジをめぐっては現在（2022年）にいたるまで，キヤノンが関わる訴訟が起きています。いわゆる純正品インクをめぐる訴訟であり，キヤノンのインクカートリッジにインクを充填して販売するビジネスをおこなっていたリサイクル・アシスト社をキヤノンが特許権侵害の旨で訴え，2006年には勝訴しています[2]。

　反対に，キヤノンが訴えられるケースもありました。2020年にはエコリカ社がキヤノンを訴えています。キヤノンが，純正品以外のインクカートリッジを使用した場合に不具合が出るように仕様を変更したことが独占禁止法違反にあたると提起したのです。詳しくは競争戦略論の領域になりますが，**同じ事業のどこで収益を得**

> るのかというビジネスプランは，ダブルループ学習にもつながる，経営上きわめて
> 重要な認知となります。

　かつ，新しく選ばれた複写機事業にはカメラ事業の欠点を補う性質がありま
した。まず，売れ行きに季節性がありません。また，製品の買い替えが起きな
いことは変わりませんが，特に事務機は定期的なメンテナンスが必要で，かつ
故障時のアフターサービスなどが発生します。製品を買って終わりではないの
です。また複写機事業は，**トナーやインクカートリッジなどの消耗品が補完財
として重要で，これらの買い替えによって安定した収益がみこめる事業**でした。
　現在もインクカートリッジは複写機事業の主たる収益源となっています。カ
メラは買い替えないがフィルムは買い替えるのと同じように，コピー機は買い
替えないがインクカートリッジは買い替える。キヤノンは複写機事業ではイン
クカートリッジを自前で提供しており，カメラ事業の教訓をすぐに次の事業に
活かしている点も組織学習として注目できます。
　さらに複写機は当時はまだ普及していない製品でした。今後市場の拡大がみ
こめる点も新事業としては追い風になります。また，技術的な関連性もありま
した。一見カメラと複写機は関係ないようにみえますが，**「ものの画像を写し
出す」**という点で共通しているのです。この**関係を見つけ出す点も，自分たち
の認知枠組みを変える必要があるダブルループ学習の一端**だといえます。

2　他事業への参入

　先ほど挙げたカメラ事業の限界から，キヤノンは複写機業界への参入を検討
し始めます。当時の複写機事業は普通紙複写機（PPC複写機）と感光紙複写機
（ジアゾ複写機）に分けることができました。詳しくは専門的なので省略しま
すがそれぞれ用いる技術が異なり，現在の複写機はほとんどが普通紙複写機で
す。
　そして当時の普通紙複写機は，ゼロックスという企業がほぼ100%のシェア

126

を誇っていました。関連する基本特許をすべて押さえていたからです。カメラや複写機のような技術主導型の業界では特許が競争優位に直結しています。特許が重要な業界だということは，特許戦略が得意なキヤノンが高水準で生存し続ける根拠でもあります。

（1）シェア100％に挑む

さて，普通紙複写機ではゼロックスが強すぎるので競合他社はゼロックスとの競争を避けて感光紙複写機での勝負を選択します。ところが，キヤノンはあえて普通紙複写機の開発をめざします。ゼロックスのシェアが100％であったことが理由です。当時の製品課長であった山路敬三氏（のちの代表取締役社長）は，参入に成功すれば50％のシェアがとれると発言したそうです。

このドラマチックな開発秘話はのちにNHKの人気番組「プロジェクトX」にもとりあげられました。開発にはデリケートな条件が必要なため湿度85％，温度35℃の部屋でほぼ休みなく開発を続けたという逸話もあります。こういった前のめりの姿勢も，キヤノンの組織文化だった（である）といえるでしょう。

こうした努力のすえ，1970年に日本初の普通紙複写機である「NP-1100」を発売します。なお，前年の1969年には社名をキヤノンカメラ株式会社からキヤノン株式会社に変更しました。カメラ事業への注力を緩めたわけではなく開発は継続していましたが，この社名変更は，カメラ事業だけではなく複数の事業でやっていくという戦略が明示された例であるといえます。

1971年にはビリングマシン（伝票や請求書を発行する事務用機械）の「BP-1000」を発売し，事務機用コンピュータ事業にも進出します。いわば「イメージング」，つまり**画像や文字を別の媒体に写し出すというコアコンピタンスを育てつつ，組織学習を繰り返しながら柔軟に事業展開してきたのが60年代以降**のキヤノンであるといえます。

70年代以降も継続的に組織学習が進められます。1976年にはマイコン搭載カメラの「AE-1」を発売し，AE一眼レフブームを起こします。カメラ事業への依存から脱しつつもカメラ事業の組織学習を緩めないところは経営として注

目できます。また，同年にはファクシミリ事業に参入します。**コアコンピタンスを活かして事業展開する**という方針が一貫していることがわかります。

（2）時宜に応じた意識改革

　いっぽうで1975年には，キヤノンの歴史上初めて赤字および無配（株主に配当がおこなわれないこと）を経験します。オイルショックによる不況と，電卓事業において主力製品に不良品を出したことが原因でした。これに対しキヤノンは1976年に「第一次優良企業構想」なる，6カ年の中期計画を掲げます。

　この計画では，二度と赤字・無配にならないよう「高収益・無借金経営」をめざすことが明示されました。**ダブルループ学習のきっかけとなる意識改革を，適切なタイミングで実行している**ことがわかります。なお，その後キヤノンの業績指標は一貫して良好で，2020年にコロナ禍で赤字を計上するまで赤字に転落することはありませんでした。

　この意識改革の影響もあったのか，1982年には世界初のカートリッジ方式複写機である「ミニコピアPC-10」「ミニコピアPC-20」を発売します。カートリッジで収益を得るビジネスモデルがここから開始されました。また，このカートリッジ式複写機の開発に伴い重要な転換がうまれます。小型機への注力です。

　結果としてキヤノンは小型機市場で80%ほどのシェアを獲得します。かつて日本企業，特にメーカーに対し「小型化が得意」という評価がなされた時期がありましたが，こうした例を念頭においたと思われます。

　またこの年「第二次優良企業構想」として優良企業構想の第2期がスタートします。1980年から90年代にかけては複写機事業において「世界初」の製品を4つうみだします。創業51年目にあたる1988年には「第二の創業」と銘打って，「グローバル優良企業構想」という新たな5カ年計画を掲げます。キヤノンは比較的早い段階から国際化に成功した企業ですが，このとき改めてグローバル展開の推進を表明します。

3 デジタルカメラ事業の拡大と苦境

　1990年後半からは，バブル崩壊後の長い景気低迷，環境配慮意識の高まりによる生産への規制，市場の飽和など逆境となる環境の変化が目立ってきます。しかし大きな機会も訪れます。**デジタルカメラ市場の本格的な拡大**です。キヤノンは，1997年に「MV1」を発売し，デジタルカメラ事業に参入します。

　フィルムとカメラを比べると，フィルムのほうがビジネスとして回転がよく収益が継続的であるという事情がありました。しかしフィルムが不要であるデジタルカメラ事業においてはコダックが「フィルムの会社」であったがゆえに参入に躊躇したのに対し，キヤノンが「カメラの会社」であったので比較的スムーズに参入したという関係は，好対照であるといえるでしょう。

（1）デジタルカメラ業界の構造

　ここで，デジタルカメラ業界の始まりを概観しましょう。世界初の民生用デジタルカメラを発売したのは，1994年に「QV-10」を発売した日本企業のカシオでした。以降2012年頃までは，2008年のリーマンショック・2011年の東日本大震災およびタイの洪水と，外部環境において大きな脅威のあった2年以外は，市場の成長が続いてきました。

　デジタルカメラ業界は，ほぼ日本メーカーしかプレイヤーがいないことが特徴です。デジタル一眼に関してはキヤノンとニコンで世界市場の7割ほどのシェアを占め，世界シェアの9割は日本企業が有する状況です。2004年からはキヤノンが世界シェアトップになっています。

　いっぽう苦境もあります。まず価格の低下です。普及率が高まり高機能化が頭打ちになると同時に低価格化するのはこうした製品の宿命です。価格の低下は，メーカーにとって当然，収益性に直結します。

　阿部・近藤（2012）によると，2000年から2010年までの日本のデジタルカメラ市場のシェアは，キヤノン，パナソニック，カシオ，ソニー，富士フイルム

でメンバーはほとんど変わらないものの，順位は激しく入れ替わっています。この間に京セラ，コニカミノルタといった企業が事業から撤退しています。

　さらに近年は代替品のスマートフォンの登場で「写真を撮る機械」の需要が低下し，カメラ好きのユーザーに対するデジタル一眼などの高機能・高価格帯の製品カテゴリ以外は伸びしろのない状況です。

　このような外部環境の悪化においてもキヤノンは高いシェアを維持しており，同時に特筆すべき戦略をとっています。メーカーにとって，ある製品の価格の低下が進み価格競争が起きる状況になれば，海外生産やOEM生産（海外メーカーへの生産委託）によってコスト削減を図るのが経営のセオリーです。

　しかし，キヤノンは国内生産を維持し，2010年前後も国内生産比率を60%以上で維持しています。第3章を思い出してみると，同様に国内生産にこだわったシャープはそれが主原因となって身売りに追いこまれます。この違いはどこにあるのでしょうか。

（2）組織学習のための組織構造

　キヤノンが国内生産を維持する理由は研究開発体制にあります。デジタルカメラの製品ライフサイクルは近年短期化傾向にあります。つまり新製品がすぐに陳腐化し新しい製品が投入される状況です。このようなサイクルの短期化に対応するためには短い期間で製品開発をしないといけません。

　しかし，キヤノンがコアコンピタンスとしてきた「映像エンジン」つまり複写機やプリンタにも転用できる映像技術は，開発に長い時間がかかります。競争優位の源泉となるコア技術には長い時間をかけたいし，製品開発は短い時間でおこないたい。この両立をはたすために，コア技術を開発する部門と製品開発する部門を分離させているのです。

　そして，ただ分離させるだけでは問題が起きます。それらの技術は互いの動向が重要で，ときに日常的なコミュニケーションによる情報伝達が必要となります。また，生産する工場と製品開発とのコミュニケーションも重要です。まさに学習のためのメンバー間の知識の交換が必須で，その場を維持するために

それらをすべて国内に置いているのです。

　この事例から，組織学習に必要な条件がみえてきます。つまり**組織学習の構成要素として知識の獲得や移転，情報の解釈が含まれる限り，組織内のメンバーがコミュニケーションしやすい状況をつくる必要がある**のです。

　開発部門は生産部門から学習し，生産部門は開発部門からも学習します。分業している部門同士のコミュニケーションによって組織学習が促進され，複雑な製品開発が可能になります。コミュニケーションを促進する組織構造という問題意識から，キヤノンが組織学習を推進していることがわかります。

4　現在のキヤノンと組織学習

　さて，以上，主に複写機事業とデジタルカメラ事業にフォーカスしてキヤノンの事業展開をみてきました。それでは現在のキヤノンがどうであるのか，2021年の実績をベースにみてみましょう。2021年の売上高ベースの事業比率は，図表4のようになっています。注目すべき点は，事業の「名前」，そして「メディカル」事業です。

（1）事業の再定義

　これまで本章では複写機事業，デジタルカメラ事業といった表現を用いてきました。現在，公式ではそうした呼称は用いられず，それぞれ「プリンティング事業」「イメージング事業」という呼称になっています。

　プリンティング事業の主力はプリンタや事務機です。なぜ複写機とよんでいないかというと，ここにダブルループ学習の要素が含まれています。**キヤノンはたしかに複写機を生産し顧客に提供していますが，それだけが顧客の便益ではない**からです。たとえばインクカートリッジも提供していますし，オフィスに設置するための複合機は定期的なメンテナンスや突発的なトラブル対応が必須なので，そうしたメンテナンスサービスも提供します。

　なにより，現在は「複合機」が登場し，主流になっていることが重要です。

図表4　2021年のキヤノンの事業比率

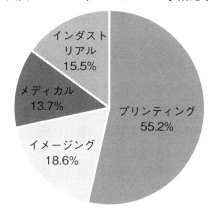

出所：筆者作成[3]

もはや「コピーするだけのコピー機」や「プリントアウトをするだけのプリンタ」は稀少とすらいえます。特にオフィスに設置する事務機は，それらの機能を統合した複合機であることがほとんどです。いつしか複写機事業は「複合機事業」に変わり，さらにプリンティング事業に名前を変えています。

　事業の再定義は，製品の高度化や多様化，顧客にとっての便益なども影響してなされることに注目できます。

（2）事業の買収という学習

　続いてメディカル事業をみましょう。実はキヤノンは2016年に非常に大きな組織変革をしています。東芝メディカルシステムズ（現キヤノンメディカルシステムズ，以下，東芝メディカル）を買収したのです。背景には，東芝が企業不祥事により財政状況を突如悪化させ，事業ごとの切り売りをせまられていた事情がありました。

　東芝のかつての主力子会社である東芝メディカルを買収するのはどこなのかが世間の注目を浴びるなかで，結果的に買収したのはキヤノンでした。買収額は6,655億円とキヤノン史上最高額となります。かなり思いきった決断であり

株主総会では「高い買い物ではないか」という意見もとんだそうです。

　キヤノンが東芝メディカルを買収した意図はいくつかあります。まず成長市場の事業をもつことです。主力であった複写機（複合機）市場とデジタルカメラ市場は，どちらも普及率が高まり飽和が近づいていました。しかし医療機器は，今後も世界的な需要が高まるであろう業界です。医療が進まない国にも市場がありますし，人口が減少傾向にある日本でさえ高齢化社会の進行によって医療分野は成長し得る市場です。今現在のキヤノンに成長市場を対象とした事業がないため，医療機器事業を買収したわけです。

　次に，コアコンピタンスとの親和性です。東芝メディカルが得意としたのはCTやMRIといった画像診断をともなう装置で，東芝メディカルの売上の実に80%を占めます。そして「画像」でピンときた人もいるでしょう。画像に写し出すという技術は，複写機・複合機にしろ，カメラにしろ，キヤノンが創業以来一貫して得意としてきたコア技術です。

　また必ずしも実現にいたっていない構想段階ではありますが，キヤノンのもつ技術を医療機器分野に転用したり，あるいは東芝メディカルがもっていた技術を学習したりすることで，キヤノンの研究開発がさらに発展することも期待されています。

（3）多様な組織学習

　以上キヤノンの歴史を，事業の展開という点からみてきました。最後に学習の要点というかたちで，キヤノンがおこなってきた〈組織学習〉をまとめました。組織学習に関する記述が随所にちりばめられているので，注意深く読み返すなどして組織学習の視点からも読んでみてください。

学習の要点

以下のポイントがキヤノンの事例のどこに当てはまるのかを確認し，第6章との関係を考えてみましょう。

◆　コアコンピタンスの存在が，組織学習の方向性を決定する。

◆　経営者による事業機会の認識が組織学習を促進させる。

◆　意識改革がダブルループ学習を促進させる。

◆　組織構造の変革が組織学習を促進させる。

◆　事業の買収は組織学習の有力な手段である。

ディスカッションポイント

● キヤノンは組織学習が非常に上手い企業で，優等生とよばれるほど安定した業績を挙げて証券市場でも高い評価を維持してきました。その背後には，御手洗冨士夫氏という強力なリーダーの存在がありました。冨士夫氏は初代社長の御手洗毅氏の甥で，6代目社長（1995-2006），8代目社長（2012-2016），10代目社長（2020-現在）と社長を三度務め，現在は会長も兼務しています。日本経済団体連合会（経団連）の会長も務めた人物です。

● このような「強い」リーダーが組織学習にいかに寄与していたのか，第8章の内容を学習したあと調べてみましょう。

注

1　キヤノン株式会社「キヤノンの歴史」
　　https://global.canon/ja/corporate/history/01.html
　　以降，本章は公式サイトを参考にして記述。

2　日経XTECH「【詳報】再生インク・カートリッジ訴訟，なぜキヤノンが逆転勝訴したのか」（2006年1月31日）
　　https://xtech.nikkei.com/dm/article/NEWS/20060131/112884/

3　キヤノン株式会社「2022年第2四半期 決算説明会」（2022年7月26日）
　　https://global.canon/ja/ir/conference/pdf/conf2022q2j-note.pdf
　　なお連結売上高にはユニット間取引にかかる売上が含まれており，合計が100％にはならない。

┃引用・参考文献

阿部智和・近藤隆史「キヤノン：デジタルカメラ事業における国内生産拠点の強化と維持」
　　『Hokkaido University Discussion Paper, Series B』105，2012年，1-20頁。
後藤浩「キヤノンの企業価値経営」『セミナー年報』2007年，125-133頁。

第8章
変革とリーダーシップ

本章では，組織のリーダー（シップ）に注目します。第5章のダイナミックケイパビリティおよび第7章の組織学習，特にダブルループ学習には「リーダーが重要」という結論がありました。ある意味の「責任転嫁」ではないですが，結局のところリーダーが変革を主導するのだというメッセージが感じられたはずです。では，そのリーダーは，どうすればいいのでしょうか。第8章では，組織変革の中核に位置し，どの角度から斬り込んでも結局そこにたどりついてしまう〈リーダー〉と〈リーダーシップ〉について考えてみましょう。

1 リーダーシップとは何か

リーダーシップという概念は，経営学では主にミクロ組織論や人的資源管理，組織行動論という分野で扱います。組織をミクロ（微視的）に，つまり細分化して人間単位で分析する分野です。リーダーシップ論では，チーム，職場，部門，組織といった単位におけるリーダーの役割や任務を対象とします。

リーダーシップ論は人気の高い分野です。リーダーという存在が身近でとっつきやすいのが主たる理由でしょうか。学校の委員会や部活，大学のサークルでリーダーをした経験がある人も少なくないでしょう。経験はなくとも，あのときのリーダーがどうだったなどの記憶はほとんどの人にあるはずです。本章も，記憶をたどりながら身近な例を思い出して読んでみてください。

（1）資質と行動──理想のリーダーはどうであるか

　さて，リーダーをめぐって「理想のリーダーはどんな人か？」といった話題がよくもちあがります。マスコミなどでアンケートをとって調査していることもあります。

　新卒社会人を対象にしたとある大規模なアンケートでは，いつも上位に同じ有名人の方がランクインしています。その理由は「親しみやすい」がだいたい１位にきます。20代前半くらいの方にとって親しみやすいリーダーが一番というのが，ここ10年くらい変わらない傾向です。

　ところで，親しみやすさとは何でしょうか。はっきりした基準があるわけでなさそうです。「オーラ」とか，物腰・話し方でしょうか。そのアンケートは具体的な有名人・芸能人を挙げるものなので，顔や外見も加味しているでしょう。たしかに上位にきている有名人の方は主観ながら「見た目もよい」ですし，優しそうな雰囲気が外見からにじみでています。

　つまりこのアンケートにおいては主に性格（優しい，親しみやすい）や能力（知性が高い，話がうまい），身体的特徴（顔のつくり，背が高い）などが評価されていると考えられます。**リーダー個人の〈資質〉が判断基準であるのです。**

（2）資質論から行動論へ

　実は過去のリーダーシップ研究，具体的には1940年代くらいまでの研究はこうした資質に関する議論が中心でした。「リーダーは背が高いほうが良いのか」といったことがまじめに議論されたのです。たしかになんとなくイメージすると，優れたリーダーは背が高く体格も良く（まず男性を思い浮かべがちです），はきはきと話し，気を配れるといったイメージが浮かぶでしょう。

　いっぽうで「現実に成功しているリーダー」を考えてみましょう。たとえば日本で有名な経営者を思い浮かべてみたとき，上で挙げたリーダーと同じような姿をしているでしょうか。大変失礼ですが一概にそうとは言えないでしょう。企業を導く有名な経営者と，特に外見的な「親しみやすさ」はあまり結びつき

ません。背が高いかどうかなども関係は薄いように思えます。

　つまり，資質のみに重点を置いても，いかなるリーダーが組織にとってふさ
わしいのかは見えてこないかもしれません。そこである時期からのリーダー
シップ研究では，個人の資質だけでなく〈**行動**〉をみようとする動きが高まり
ます。資質（どんな人か）ではなく，行動（どうふるまうか）に注目する動き
がリーダーシップ論で起きてくるのです。

コラム│リーダーは見た目も大事？

　冒頭から，資質論を退けるような書き方をしました。しかし，現代ではむしろ資
質論の復権といいますか，資質論の考え方が見直されつつあります。個人の「カリ
スマ性」に注目し，たとえば身振り手振りや身だしなみ，見た目の印象もリーダー
シップに関わっているという研究がなされたりもします。

　理由として，リーダーシップ研究には心理学が影響していることが挙げられます。
リーダー自身の心理や，リーダーに対する周りの人々の心理を分析しようとするな
らば，視覚的な印象が関係ないというほうが不自然です。

　そしてもう一つ，リーダーシップにおいてはリーダーのみならずそれを受け入れ
る人々の存在がとても重要だからです。組織を変革する能力に優れ行動が的確だと
しても，性格的に悪印象を与えたり見た目で頼りない印象を与えるリーダーは，組
織で評価されない可能性があります。資質論への回帰は，リーダーをめぐる文脈が
いかに複雑であるかを感じさせます。

---

2 リーダーシップ研究の系譜

　ここからは有名な「古典」の研究についてみていきます。行動論の初期にお
こなわれたミシガン大学の研究では，高業績のリーダーとそうでないリーダー
とを比較する方法で，高業績リーダーの特徴をあぶりだそうとしました。

　その結果として，従業員中心であること（部下の人間性に配慮している），
指示が全般的であること（指示が細かすぎない），あまり部下と一緒に行動し

ないこと（あくまで上司・監督として接する），失敗を学習機会にすること（失敗をサポートする）といった要因が挙げられました。

　注目すべきは，こうしたリーダーであれば，たとえ押し付けや圧力があったとしても不満を感じにくいという結果が得られたことです。**部下にとっては，リーダーが怒っているかどうかよりも，どんなリーダーが怒っているのかで受け取り方が変わってしまうのです。**

　またリッカート（R. Likert）という学者はリッカートの3原則とよばれる3つの要因を挙げています。①支持的関係の原則，②連結ピン組織，③高い業績目標，です。①は，さきほどの「従業員中心」と共通で，部下の人間性に配慮していることが重要視されます。人間性を認めあい尊重することがリーダーシップ発揮の原則なのです。

　②は，個人ではなく小集団で捉えるというリーダーシップを考えるにおいてきわめて重要な観点です。**リーダーシップは，リーダー個人，あるいはリーダーと1人の部下という一対一の関係では完結しない**からです。

　③は，業績目標を高くもつことで成果が高くなるという主張です。のちの目標設定（ゴールセッティング）理論にもつながる，事前にいかなる目標を置くかが事後的な結果に影響するという考え方です。リッカートの研究は古典ながら，現代でも通じる重要な視点を捉えています。

（1）仕事か？　人間性か？

　ここから，リーダーシップ研究にはひとつの軸ができあがります。**リーダーはタスク：仕事に関する要素と，人間性：従業員への人間的配慮に関する要素の2つが主たる役割になる**という考え方です。

　タスクのさす意味は，目標の設定と明確化，タスクをどの部下に割り当てるかという差配，タスクの期限の設定などです。これらはチーム・職場・組織としてどのように分業し目標を達成していくかという組織の骨組みを構成するという意味合いで，構造づくりともよばれます。

　対して人間的配慮とは，部下や同僚の人間的な側面に心配りをするという意

味です。人間同士の仕事は良くも悪くも機械のようにはならず，相互に信頼がないとできません。信頼を構築することもまたリーダーの役割です。

　また，部下が出したアイデアを尊重するなども含みます。不安やデメリットがあっても，その部下の人間性を信頼して任せることもあるでしょう。心身に不調がみえるときや悩みがありそうな場合に話を聞くなども含まれます。

仕事と人間性の両立

　「タスク」と「人間性」の二元論でリーダーシップを捉えたとき，問題となるのはその両立です。まず，リーダー独りでそれら性質の違う業務をこなすことは容易ではなく，時間や労力といった面で資源制約がうまれます。のみならず，**2要素の間にはときに両立しがたい矛盾，つまり複雑性が生じる**のです。

　たとえばタスクの期限がせまっているとします。この期限までに終わらないと追加コストが大幅にかかります。しかし，担当している部下は傍目にも「いっぱいいっぱい」で，支援をしても期限に間に合うかが定かではありません。しかも本人はこの仕事に思い入れがあって，自分でやりきりたいと考えています。

　多くの人は「期限を優先すべきだ」というかもしれません。しかしその場合，部下の信頼を失うかもしれない，また，企業であればタスクの期限を優先するが，学校などの教育現場ならば人間性に配慮すべきだと考えるかもしれません。**何らかの基準を画一的に適用すればよいという問題ではなく，各々の価値観で判断が揺れ動いてしまうことが複雑性の特徴です。**

　オハイオ州立大学の研究や日本人研究者である三隅二不二（じゅうじ）によるPM理論（仕事の目標を達成する機能，つまりperformanceと，人間的配慮による集団の維持，つまりmaintenanceを定式化したもの）など，タスクと人間性に関連する研究はその後も積み上げられましたが，「両方できたほうがよい」という当たり前といえば当たり前の結論に終わってもいます。

（２）リーダーシップは状況による

　さて，こうした流れのなかで1964年に発表された研究は，少し違った側面からリーダーシップを捉えています。**リーダーシップのコンティンジェンシー（状況適合）理論**とよばれる考え方です。

　これまで紹介したリーダーシップ研究は，リーダーや組織がおかれた環境のことをあまり考慮していません。むしろ「そういった環境の文脈を無視しても成立するリーダーの要件」について考える方向性が強い研究でした。

　資質論にしても，あらゆる状況でこういうリーダーがよいのだという「真理」を求めていると解釈できます。タスクと人間性の二元論でも，その状況によって必要な要素が変わるというよりも，あらゆる状況で両方大事なのだと考えていました。

　対してリーダーシップのコンティンジェンシー理論は，そもそもふさわしい**リーダーシップは状況によって変わる**と考えます。環境のあり方によってなすべき行動が変わるという環境決定論に近い考え方ですが，経営組織論は環境の存在をかなり重視しているので，リーダーシップでも同じだと考えるのは自然にも思えます。

　コンティンジェンシー理論で考慮される状況性は３つです。まず，リーダーがどのくらい部下に支持されているか。支持率の問題です。次に，タスクが明確であるか。特に不確実性が高い状況においては問題の明確化が難しくなります。最後に，リーダーの権限の強さです。最終的にリーダーが決定する範囲と強さについて考慮します。**この３つが定める〈状況〉によってリーダーシップのあり方を決めるべき**だと考えたのです。

　比較的わかりやすい整理であると同時に，状況によってあるべき姿を決めるという姿勢は組織変革の文脈にも合致します。組織は環境の変化にあわせて変革をするという基本に立ち返ると，環境の変化や組織の状況によってあるべきリーダーシップを決めるほうが変革には適合していそうです。

3 さまざまなリーダーシップ

　このように展開されたリーダーシップ論からは，現代はやや予想できない状況かもしれません。というのも，現代のリーダーシップ研究は，どちらかといえば「○○リーダーシップ」といったように，さまざまな類型のリーダーシップ概念が次々と提唱される状況だからです。

　代表格がシェアード（分有型）リーダーシップ（SL, shared leadership）です。このリーダーシップは今まで紹介したリーダーシップと少し違って，**リーダーとしての役割や権限がリーダー以外にもシェア（分有）される**と考えるのです。どういうことでしょうか。

（1）個人機能説と集団機能説

　まず**個人機能説**と**集団機能説**という考え方を知る必要があります。ここまで紹介したリーダーシップはすべて，リーダーシップは特定の個人が発揮すると考えてきました。公式リーダーとよばれる組織で公式に認められた特定の個人がリーダーとしてふるまう。当たり前といえば当たり前です。これを，リーダーシップが個人の機能だと考えるという意味で，個人（の）機能説とよびます。

　対して，リーダーシップは**集団のなかで結果的に発揮されていればよい**という考え方もあります。どういうことでしょうか。たとえばタスクと人間性の二元論をふまえると，組織のなかでタスクの管理と人間的配慮が両方なされれば高い成果が期待できます。個人機能説では，それをリーダーが両立すると考えますが，結果的に両立できればよいならばそれは誰がやってもよいのです。

　すなわち，うちのチームではタスク管理はＡさん，人間的配慮をＢさんが担当し，公式リーダーはそれを阻害しないよう調整していたといったケースでも，別に問題はないのです。むしろ，リーダー独りにやらせたほうが非効率でキャパオーバーをまねきやすいかもしれません。

　こうした例をふまえると，**リーダーシップは結果的に集団のなかで機能していればよいので，独りに任せるより複数人で担っていくもの**だと考えられます。これがリーダーシップ集団機能説です。

　ちなみにSLは2000年代くらいから研究が増え始めますが，原型となる研究は1970年代からなされていました。公式リーダー以外がリーダーシップを発揮するという現象を捉え，理論化したものがSLなのです。

（2）手段としてのリーダーシップ

　ここでもう一つ，考え方の転回が必要です。**組織にとってリーダーシップは目的ではなく手段**だということです。組織は目的を達成するためにあります。企業は利益を上げるために組織をつくり，そのために部門をつくって分業し，指揮命令系統をつくり，そうやってできた集団をまとめるためにリーダー（シップ）が必要になるのです。

　リーダーシップは必要だから求められるのであり，リーダーシップありきで組織を動かす必要はないし，ましてや個人のリーダーを組織目的に優先させる必要はないと考えるのが〈**組織の論理**〉でしょう。

コラム｜リーダーなんて要らない？

　ある有名な映画に，とある犯罪組織が出てきます。彼らは「われわれはリーダーをもたない組織だ」と吹聴し警察を攪乱します。リーダーがいればそやつを標的にして捜査できるのに，リーダーがおらず個々人が自分の判断で適切に動くので捉えどころがなく，捕まえられないのです。

　また，数年前に『ティール組織』という本が流行りました。端的には階層（上下関係）をもたない組織のことです。上下関係をもたない組織というアイデア自体は特に新しくはないのですが，そういった組織の出現が紹介され，時代に沿った新しい組織の理想として華々しく標榜されていました。

　これらの例からは，組織の上下関係は手段であり，リーダーシップも必要ではあるが結果的に発揮されていればよい。**誰がリーダーシップを発揮する主体となっているかは状況に応じて決めればよい。**という集団機能説の主張がよみとれます。

　とはいえ，わざわざ例を紹介しながら身もふたもないことを言いますが，現実の組織のほとんどは階層も公式リーダーもあり，個人の機能としてリーダーシップが発揮されています。理想と現実のギャップです。

　今後組織のあり方がますます変容する可能性はありますが，現段階では「ティール組織の時代」はまだ来ていません。組織のあるべき理想像と，現実としてうまく経営できる手段とは，厳密にわけておく必要があるでしょう。

4　変革のためのリーダーシップ

　改めて組織変革とリーダーシップの関係を考えると，集団機能説は組織が変革する局面では特に注目すべき考え方です。まず集団機能説の前提は，リーダーシップが手段であることです。必要がないなら要らないとまでいえる。何のための手段かというと組織の問題を解決するための手段です。

　そして組織変革が必要となる場面では，多くの場合組織にとって未解決や未知の課題が出現します。第6章の組織ルーチンの話を思い出しましょう。ルーチンワークのように繰り返している，あるいは過去に経験している問題であれば，過去の学習パターンから対応が容易です。

　ところが，組織が直面したことのない課題が浮上したらどうすればよいでしょうか。突然代替的な新技術が登場したり，大きな災害や経済不況で致命的なダメージを負ったり，組織が出会ってこなかったような問題については，急遽それに対応すべくリーダーシップの発揮が求められます。

　組織が変革を求められる局面では，日々の組織ルーチンの枠を超えて，過去の文脈とは異質なリーダーシップの発揮が求められます。組織変革において望ましいリーダーシップについて考えるうえでは，ではそのようなリーダーシップはどんなものか，類型のどれを当てはめるべきか，などが論点となります。

リーダーシップのまとめ

以下の概念の意味，および違いを説明できるようにしましょう。
◆　リーダーシップの資質論と行動論
◆　タスクと人間性の二元論
◆　リーダーシップのコンティンジェンシー理論
◆　個人機能説と集団機能説

（1）変革型リーダーシップ

そして，数ある類型の中にはダイレクトに変革を扱ったリーダーシップがあります。その名も〈**変革型リーダーシップ**〉です。

かつて定式化されたタスク・人間性モデルでは，リーダー自身の資質に関する視点は退けられています。リーダーの資質とは別に，タスクの仕切りと部下の人間性への配慮の二つができるかが重視されている。リーダーというより「中間管理職」のようなイメージが想起されます。

対して，リーダー個人がいかに象徴となるのか，感情的・心理的な側面から本人や周りがリーダーをどう捉えるかに注目する流れが1980年代頃から現れます。いわば資質論への回帰です。変革型リーダーシップに関する研究は2000年代以降に増加し，主流派の一つになっていきます。

リーダーシップは手段でありシェアしてもよいのだという議論が活発になってくると同時に，組織変革に関しては強いリーダーという個人に注目する流れが再興してきたのは，注目すべきことでしょう。

交流型リーダーシップと合理的モデル

変革型リーダーシップと対になるのが〈**交流型リーダーシップ**〉です。交流型リーダーシップの基本となるのは〈**互酬関係**〉です。つまり，互いに利益があるからリーダーとフォロワー（部下や同僚）とが適切な関係にあると考えま

す。リーダーはフォロワーに報酬を与える。報酬は金銭や地位といった実利的なものにとどまらず自己肯定感やモチベーションなど無形のものも含みます。フォロワーはそれに対して組織やチームへの貢献をはたします。

　ここで問題になるのは互酬関係の「釣り合い」です。フォロワーは報酬に見合わないと思えばモチベーションが下がりますし，リーダーはフォロワーへの報酬を上下させてコントロールを試みます。交流型リーダーシップは**仕事の質や量が互いに何を与え合うかで決まる**と考えます。〈**合理的モデル**〉とよばれることもあります。

合理性を超えたコミットメント

　いっぽうで，こうした合理的モデルで説明できない現象を皆さんも見たことがないでしょうか。たとえば第7章で紹介したキヤノンの普通紙複写機の開発では，関わったメンバーはリーダーも含めて年間でほとんど休みもとらず，蒸し暑い研究室で開発に没頭しました。

　「働き方改革」的に美談にしてよいのかはさておき，こうした関与の深さつまりコミットメントは，合理的モデルでは説明がつかなさそうです。事後的に十分に報われたとしても，ここまでの努力に見合う報酬が事前に約束されていたわけでもないでしょう。少なくとも，当事者らは儲かるからやっているわけでも，昇進が確実になるからやっているわけでもなかったはずです。

　変革型リーダーシップが注目するのは，こうした**合理性を超えたコミットメント**です。おのおのの損得計算を超えた貢献意欲をひきだすものがあるとすれば，それこそが変革型リーダーシップであると考えます。

　変革型リーダーシップには四つの構成要素があります。それぞれ，①理想化された影響，②モチベーションの鼓舞，③知的刺激，④個別配慮です。

　順番にまとめると，①フォロワーはリーダーのようになりたいと理想をいだき，②リーダーの鼓舞によってフォロワーのモチベーションが向上し，③リーダーがフォロワーの問題意識や学習を刺激し，④リーダーがフォロワー1人ひとりにアドバイスや悩み相談をおこなう。このような関係をフォロワーと築く

ことで，変革型リーダーシップが発揮されるのです。

変革型リーダーシップの負の側面

　しかし変革型リーダーシップには負の側面もあります。石川（2009）は，変革型リーダーシップが発揮されると「チーム効力感」が高まるいっぽうで「コンセンサス維持規範」も高まることを明らかにしています。

　チーム効力感とは，チームの能力にいだく信念です。「このチームはやれる」「このチームは強い」とメンバーが感じている度合といえるでしょう。

　コンセンサス維持規範とは，リーダーが示した規範を維持しようとする力のことです。変革型リーダーシップを発揮する強いリーダーは，自らのやり方を部下にも求めることが少なくありません。リーダーがやれと言ったことに疑問を感じても従わないといけない雰囲気がある状況を意味します。

　石川によると，チーム効力感が高いと成果に寄与するいっぽうで，コンセンサス維持規範の高さは成果に負の影響を与えるといいます。強いリーダーはチームに自信をもたせると同時に，チームの多様性や創造性を失わせるのです。

（2）リーダーシップのジレンマ

　これらの議論からは**リーダーシップには負の側面もある**ことがわかります。リーダーシップが手段なのだとしたら，要るときもあれば要らないときもあります。特に変革型リーダーシップは，組織変革が求められるときには強力な効果を発揮するでしょう。

　しかし，組織が変革をはたしたのちに「通常モード」に戻るときには，変革型リーダーシップは手段として必要ではなくなります。組織が窮地に陥ったので，変革型リーダーシップを発揮できる人物をリーダーにして，みごと変革をなしとげた。しかし平常時にもどると，熱量が高く規範をおしつけるリーダーが煙たがられるというストーリーは容易に想像がつきます。

　組織ルーチンの話を思い出すと，組織が既存のルーチン通りに動いている状態はけっして悪いものではなく，むしろ効率的で無駄がないといえます。そう

いった場合にはリーダー（シップ）の役割というのはとりたてて必要ではないかもしれません。

　必要なときにいてほしいのだけれども，必要でないときには相対的に重要度が低くなる。これが〈リーダーシップのジレンマ〉です。しかし必要ないからといってリーダーを置かないとか辞めさせるわけにもいきません。**組織変革は変革時だけでなく，変革した後のことも考えておかないといけない**という教訓が，リーダーシップのジレンマからは読み取れます。

（3）リーダーシップの持（自）論アプローチ

　ここまでリーダーシップについてみてきました。おそらく，皆さんが思うよりも「たくさんのリーダーシップがある」と感じたでしょう。そして，どれが良いという結論も出せません。これだけ多くの意見があると，おそらくいかなるときも通用する最強のリーダーシップはないのだな，というくらいしか言えない気もしてきます。

　一つの解決策として，金井ほか（2007）が**リーダーシップの持（自）論アプローチ**という考え方を提唱しています。やや意訳すると，リーダーシップ研究について幅広く知ったうえで，各々が持論といえるようなリーダーシップ観をもちなさいというメッセージがこめられたアプローチです。

　これは，リーダーシップは人それぞれで，みんな違ってみんな良いといった「誰も傷つかないリーダーシップ」をめざせ，なんて意味ではありません。

　リーダーシップが特定の個人や選ばれた個人だけのものではなく，状況に応じて集団で共有されるものならば，**どんな立場の人でもリーダーシップを発揮すべき場面が訪れる**のですから，そのときに向けて自分の立ち位置や考えを明確にせよということです。

　自分がリーダーシップを発揮するとしたら，どんな立場がふさわしいのか。タスク管理なのか人間的配慮か。組織の置かれた状況はどうであるか。公式リーダーとの関係をどう構築するか。そういった問いに対して，**リーダーシップについて学びながら自分の意見を確立してほしい**。そういうメッセージが，

148

持論アプローチには含まれています。

学習のポイント

- リーダーシップの研究の系譜や類型について，まとめてみましょう。
- 変革型リーダーシップの特徴について，まとめてみましょう。
- 変革型リーダーシップが発揮された具体的な例を挙げたうえで，その効果と負の側面について議論してみましょう。

|引用・参考文献

石川淳「変革型リーダーシップが研究開発チームの業績に及ぼす影響：変革型リーダーシップの正の側面と負の側面」『組織科学』第43巻2号，2009年，97-112頁。

石川淳「研究開発チームにおけるシェアド・リーダーシップ：チーム・リーダーのリーダーシップ，シェアド・リーダーシップ，チーム業績の関係」『組織科学』第46巻4号，2013年，67-82頁。

金井壽宏・尾形真実哉・片岡登・元山年弘・浦野充洋・森永雄太「リーダーシップの持（自）論アプローチ——その理論的バックグランドと公表データからの持（自）論解読の試み——」『神戸大学経営学研究科Discussion paper』2007年，1-89頁。

古川久敬「組織行動研究の展望：パラドックスを抱えた組織と個人を意識して」『組織科学』第52巻2号，2018年，47-58頁。

第 9 章
変革のリーダーは誰か？
事例5：日産リバイバルプラン

　本章では組織変革とリーダーシップについて考える事例として「日産リバイバルプラン」をとりあげます。日本史上最大級の負債をかかえ，経営破綻寸前の状況だった日産自動車株式会社（以下，日産）を救ったのは，フランスの自動車メーカー，ルノーから来たカルロス・ゴーン氏でした。日産リバイバルプランはドラマチックな展開でメディアをにぎわせ，またゴーン氏のその後にも注目が集まりました。

　シンプルにみるならば「外から来た有能経営者がダメな会社を立て直した」のですが，事態はもう少しだけ複雑でした。なぜ日産は大きな負債をかかえたのか。ゴーン氏はどのように再建したのか。そこにリーダーシップがいかに関わっていたのか。これらを丁寧にみていきましょう。

1　日産自動車の苦境

　まず，日産自動車がどんな会社であるか確認しましょう。現在でも日本を代表する自動車メーカーである日産は，1933年に「自動車製造株式会社」として誕生した会社です。翌年には現在の日産自動車株式会社に改称します。

　創業から1980年代に至るまでは順風満帆な成長をとげます。国際的な自動車レースで優勝したり，品質管理の国際的な賞を自動車業界で初めて受賞するなど，「技術の日産」とよばれ早い段階から技術の高さが評価されていました。

　かげりが見えたのは80年代後半以降です。当時の日産はトヨタに次ぐ国内シェア２位でした。トヨタが販売網を強みにしていたことに対し，日産はマーケティングや販売に相対的な弱みを抱えていました。日産は技術を活かした高級車やスポーツカーで市場を得る戦略に出ますが，バブル崩壊で高級車の売れ行きがにぶり，ホンダ自動車に抜かれてシェア３位に転落します。

　1990年代以降，財務状況はさらに悪化していきます。92年以降黒字になったのは96年だけで，それ以外はすべて赤字でした。そして98年には日本企業史上最大といわれる２兆円の有利子負債を抱える状況に陥りました。

（1）巨額の負債の背景：セクショナリズム

　とはいえ，突然思いもよらず負債が２兆円になったわけでもありません。日産はいわゆる「ゆでガエル」のように，徐々に苦境に追いこまれていきました。その背景となる社内の状況に注目しましょう。

　1999年時点で，日産は国内に７つの工場と24のプラットフォーム（特定の車種をつくる生産ライン）がありました。この数自体が多い・少ないとは言えませんが，不思議なことに同じ性能・クラスの同じような車を別の工場でそれぞれ製造したりしていました。つまり全社でみるとダブりがある状況です。

　自動車のような製品一つあたりの単価が高い製造業では，生産を効率化しコストを下げることが勝負の分かれ目になりますから，この生産体制が問題であったことは間違いなさそうです。

セクショナリズム

　結論を先取りすれば，日産は典型的な**セクショナリズム**に陥っていました。セクショナリズムとは，セクションつまり部門によって異なる価値観や文化をもつことで利害対立が生じ，部門ごとに閉鎖的になり，最終的には部門同士で争うような状態をさします。

　きれいな言葉ではありませんが「ぶんどり合戦」という表現があります。会社全体の予算総額は毎年ある程度決まっており，いかに分配するかが経営者の

腕の見せどころです。そして各部署は，予算が自分たちに有利に配分されるよう要求します。つまりぶんどり合戦とは，限られた予算のなかでいかに自分の部署に予算を勝ち取るか，社内で競争している状況を意味します。

　たとえば開発部門にとっての成功とは，予算と人員を得ることである。だから必要かどうかは別としてとにかくたくさん予算をぶんどる。生産部門では工場を増やし生産台数を積み上げることが偉い。自部門への配分を勝ち取ったやつが偉い，という発想を各部門がもってしまう状況から，ぶんどり合戦は起きます。

　このセクショナリズムは組織にとって非常に重要かつやっかいな問題です。なぜでしょうか。まず組織は分業をせざるを得ません。部門ごとに分かれるのは効率化のためにも当然です。そして部門内で専門化が進み，組織ルーチンが構築され団結力が高まるにつれて，独自の価値観や文化が形成されていきます。

　独自の価値観や文化をもつことは部門の発展と創造のためにも必要であるし，本来は望ましいことです。変革型リーダーシップの話を思い出しても，変革型リーダーシップが発揮されるためには，同じ価値観を共有し団結力を高めることが必要とされています。なお，組織内で分業するのみならず，分業された集団が独自の価値観や文化をもつことを特に〈**分化**〉とよびます。

部分最適と全体最適

　分化が進行すると，部門ごとの志向性が単純化され独自の目標や美学をもつようになります。たとえば先ほども述べたように，生産部門にとってはひたすら生産台数が増えることが誇りになっていきます。

　全社的にみてそんなに生産する必要があるのかといった懸念を無視して，生産部門にとっての絶対的正義が確立されていくのです。開発部門も，使うのかわからないような予算と人員をほしがる。とにかくそれらを最大化することが自身の誇りにつながっているからです。

　つまり，組織全体の都合を無視して自分の部門にとって一番良い資源配分を求め，それに沿った行動をとる。これがセクショナリズムです。**部分最適（部**

分ごとには一番良い状況）が，全体最適（全体として一番良い状況）につながっていないとも言い換えられます。

　とはいえ，部門がそれぞれの利益を主張するのは当たり前といえば当たり前ですし，いち部門に組織全体のことを考えろというのも変な話ではあります。部門が一番なすべきことは，分業された目の前の課題をこなすことだからです。

　問題は，部門ごとに利己的な主張をしていたこと以上に，経営陣がそれをコントロールできなかったことにあるでしょう。部門が過剰な予算を求めても，経営陣が配分しなければよいだけの話ですから。

（2）組織の分断

　セクショナリズムがさらに難しいのは，「部門全体をまとめる経営陣は誰なのか」という点です。当時典型的な日本企業であった日産は，終身雇用・年功序列といった慣習におおむね則り，社内で出世した人たちが経営陣に名を連ねていました。つまり経営陣は社内のどこかの部門出身なのです。

　仮に生産部門出身の役員がいたとしましょう。その人は生産部門時代，ほとんどの従業員と同様に，自分の部門に誇りをもち，生産台数こそが正義だと思っており，生産部門の利益を第一に考えていました。そんな人が経営陣に参画したとして，突然全社のことを考えるようになるでしょうか。

　つまり言い換えると，日産は**セクショナリズムが経営陣にまで浸透した状態**だったのです。全社的な戦略を考えるべき経営陣は各々どこかの部門に肩入れしており，利益を誘導するような言動がみられたといいます。そして競争が争いをうみます。分化が進み，ぶんどりのために互いに攻撃しあい，相手を攻撃すれば自分が正しくなるような錯覚に陥った状態は，昨今流行りの言葉でいえば〈分断〉とよぶべき状況だったといえるでしょう。

経営陣レベルの分断

　象徴的なエピソードがあります。1997年の終わり頃，すでに財務状況が相当に悪化していた時期でした。経理担当役員の安樂兼光氏（のちの副会長）は，

役員と部長が集まる会議で，ある資料を配りました。**有利子負債が２兆円ある，このままでは経営破綻する**，と資料には記載されていたそうです。

　危機を肌で感じていた経理担当だからこそ，問題を直視してもらうためにあえてストレートに危機を告げたのでした。ところが参加者の反応はにぶく，あまつさえ次のような発言があったそうです[1]。

　　「経理が脅かしているだけだ」

　安樂氏は「自分たちがどんな危機にあるかを受け止めようともしなかった」とふりかえっています。

　とはいえ，他の経営陣の理屈もわかります。セクショナリズムの支配下において一番大事なのは部門の利益です。自部門が予算を獲れている限り，成果を上げている限り，全社の成果はどちらでもよい。むしろ邪魔されないように全社的な思考を避けたり攻撃したりするのです。

　しかし全社組織が破綻すれば部門も当然消滅しますから，全社が危ないならどうにかしないといけないのも当たり前です。そんな当たり前のことが認められないほどに経営陣の認知が「ひいき」の部門に集中し，視野狭窄に陥っていたのです。

組織全体のことを考える

　事後的にふりかえれば愚かな思考だといえますが，同時に日産の事例をいかに自分ごととして捉えるかが大事です。人はふつうどこかの部門に属し，その部門の影響を受けてキャリアを重ね，結果として部門の利益を最大化することにしか目が向かなくなります。**組織において組織（全体）のことを考えるというのは思ったより難しいことなのです。**

　さて，本格的に自力での再建が難しくなった日産は，社外に助けを求めます。まず，1999年３月，フランスの自動車メーカーであるルノーと資本提携を結びます。これは実質的にはルノーの傘下に入った状況でした。つまり，ルノーに株式を保有してもらい，人を送り込んでもらって再建に入るという手順です。

第3章の金剛組と髙松建設の関係に似ています。

　そしてルノーが日産に送り込んだのが，当時ルノーの副社長であったゴーン氏だったのです。着任後，ゴーン氏は1999年10月に「日産リバイバルプラン」を発表します。

2　日産リバイバルプランの策定と実行

　ゴーン氏が発表した日産リバイバルプランの概要は，次のようなものでした。生産・人員・販売・車種のすべてにおいて大幅なリストラクチャリングをおこない，不要な部分を削減する。そのうえで1兆4,000億円の有利子負債を2002年までに7,000億円にする。破綻寸前に追い込まれた日産を生存させるための，かなり大規模な組織変革でした。

（1）日産リバイバルプランの実現：マクロな視点

　まず，マクロ（巨視的）な視点，つまり日産が全社戦略としてどのように変革したのかについて確認しましょう。ひとことでいえば，日産リバイバルプランで最も大事だったのは〈リストラクチャリング〉です。

リストラクチャリング

　日本語に直すと「構造再編」です。組織の無駄な部分や非効率な部分を見定め，適切な構造につくり直すことを意味します。略語としての「リストラ」のイメージから「クビ」のことだと思われがちですが，分業の体制を変えたり新たな部門をつくることもリストラクチャリングに含まれます。

　とはいえ，ゴーン氏の変革は多くの人員整理を伴うものでした。村山工場や京都工場などかつての主力工場を含む国内5工場を閉鎖し，同時に21,000名の社員を人員整理しました。ゴーン氏が人員整理のための嫌われ役になった側面は否めません。

　どんな会社でも，人員整理は最も嫌がられることの一つだといいます。され

る側はもちろんですが，する側も精神的な負担をはじめ多大な労力のかかる仕事です。昔から社内にいる人間ではなく，外から来た経営者がリストラクチャリングを断行したというストーリーにも意図があったと思われます。

　なお，もちろん，資源を整理し削減すれば経営が良くなるわけでもありません。どの工場を残すべきか吟味し，適切な選択肢を決めることこそ，経営手腕が試されるところです。日産はもともと，部門の功名心に任せて人員や生産体制を肥大化させていました。自ら「持ち過ぎた」ものをどうやってスリム化するかという局面で，ゴーン氏は適切な経営判断をしたといえるでしょう。

　ゴーン氏はまた，販売拠点も削減しました。1999年のプラン発表時には，2002年度までに国内の販売子会社を20%削減すると宣言しました。販売に弱点をかかえていた日産にとって悪手であったという声もあります。

　事後的にみればコストカットには成功したものの，その後の成長をふまえて残すという選択肢もたしかにあり得たでしょう。そんなことを言っている場合ではないほど財政が悪化していたのは事実ですが。

　加えて，サプライヤーとの関係も見直します。広義のリストラクチャリングだといえるでしょう。第5章で「供給者の脅威」についてふれましたが，自動車メーカーにとってサプライヤーはコストカットの対象となることがあるのです。

　具体的には，日産がそれまで仕入れをおこなっていた6社の鉄鋼メーカーを3社に絞り，買う数量が増えるのでそのぶん価格を引き下げてほしい，と交渉したのです。鉄鋼メーカーにとっては大問題でしたが，大口の顧客である自動車メーカーの要求でもあり，のまざるを得なくなります。

　メーカーとサプライヤーは長期継続的に取引することが多いので，よく言えば信頼関係があり，悪く言えば「なあなあ」の関係になりがちです。外様のゴーン氏は，しがらみをもたずにサプライヤーに断固として要求できることも強みでした。なお，鉄鋼業界ではこのサプライヤー改編を「ゴーンショック」とよび，提携や合併など後の業界再編につながっていきます。

マスコミ対応とイメージ戦略

　また，ゴーン氏が非常に得意だったと言われることがあります。マスコミ対応です。日本を代表する企業が破綻寸前まで業績を悪化させ，新社長は外国からやってきたというストーリー性は，当時の日本でも大きなニュースになりました。連日，テレビや新聞でゴーン氏の一挙手一投足に注目が集まりました。

　人員整理を伴う大胆な変革や外国人社長という出自からすれば，奇異の目でみられたり非難される可能性も十分にあったはずですが，結論からいえばゴーン氏は非常にうまくマスコミを活用し良好な関係を築いていきます。

　ゴーン氏はもともと，プレゼンテーションやスピーチは定評がありました。とはいえ，俳優のように流麗な立ち振る舞いで話してみせるというよりは，相手が理解できるように理知的に丁寧に語ることを得意としていたといわれています。もともとブラジルで生まれ，進学でフランスに移住し実に5カ国語を話すゴーン氏は，文化的に複雑な境遇で育ち，異文化でのコミュニケーションに慣れていたという側面もあったでしょう。

　また，自分自身も日産のCMに出演するなど，自らの手腕で日産を再建していくイメージを社会に対してアピールしていきました。事後的な回顧ではありますが，ゴーン氏は「再建の演出がうまかった」と評価されています。

　高評価につながる数字をピックアップし，ポジティブな成果をこまめに社会に対して伝えていく。実際になされたこと以上に「ゴーン氏のもと日産は確実に再建されている」とステークホルダーに印象づけたことが，日産が復活する後押しになっていたことは見逃せません。

（2）日産リバイバルプランの実現：ミクロな視点

　さて，次はミクロ（微視的）に，「社内のゴーン氏」はどうだったのかという視点でみましょう。リーダーシップは基本的に社内で発揮されるべきものです。すでに述べたようにゴーン氏は社外に向けたアピールが非常にうまく，外向けの印象が強い人ですが，日産社内ではどうだったのでしょうか。

分断された部門をつなぐ

　ゴーン氏が社内でどう振る舞っていたか，いくつか象徴的なエピソードを紹介しましょう。ゴーン氏が着任した1999年の8月，日産本社の役員食堂に9人の中間管理職が集められたそうです。中間管理職ですから，日産の最高意思決定機関であった経営陣よりも役職の低い人々です。

　最高責任者であるゴーン氏と接する機会もなかなかない立場の9人に対し，ゴーン氏は1人ずつ名前をよび，メッセージをそれぞれに伝えたそうです。

　「改革をするというのは，発明とは異なる。解決策の多くは会社のなかにある。君たちにはそれを発見してほしい」

　「君たちはしがらみのない大胆な提案をするだけでいい。やるかどうかを決めるのは経営陣であり，責任を取るのもわれわれだ。将来の日産は君たちの双肩にかかっている」

　これらは組織変革の格言だといえるでしょう。日産はもともと，どうしようもない不可抗力で落ちぶれたわけでも，リスクをとった大勝負に負けたわけでもありません。ある意味で外部環境の変化のせいですらない，**セクショナリズムという組織内部の問題で自壊した組織**でした。

　そして，社内の人々も当然それに気付いていました。会議で思いきって事実を指摘した先述の安樂氏のように，部門ごとではなく組織全体をみる目をもっている人はいたはずです。**日産リバイバルプランを断行したのはゴーン氏ですが，アイデアはもともと社内にもあったはずなのです。**わかっているけどできなかったアイデアをいかに実現するかが，変革の成否を左右することをゴーン氏はよく理解していました。

　また，ここに集められた9人は社内を横断する組織「クロス・ファンクショナル・チーム」をとりまとめる「パイロット」とよばれるリーダーに任命されました。後に最年少で執行役員を務める嘉悦朗（かえつあきら）氏も含まれます。部門を超えたコミュニケーションの中心となる組織を新設したのです。

セクショナリズムを克服するために部門を横断できる組織をつくるという経営判断は，経営組織論の基本を理解し，かつ日産がもつ現実の問題をみぬいたものだといえます。

Just do it.

マスコミに対する派手な印象とは裏腹に，ゴーン氏は丁寧に現場を訪ね，社員と対話し，ボトムアップで問題を発見しようとする経営者でした。就任以降国内外の拠点をまわり多くの社員と面談をしたそうです。9人のパイロットの一員だった坂井滋氏も商品企画部門の代表としてゴーン氏と面談しました。3時間にわたる面談でゴーン氏から投げかけられた質問は主に三つだったといいます。

「何が問題と思うのか」

日産にとっての問題は何か。問題発見の視点を問うているわけです。次に，

「どうすれば良いと思うのか」

定義した問題に対して，問題解決の手段を問います。そして，

「その中であなたは会社に何が貢献できるのか」

日産のような会社にとって核心となる問いです。**組織の問題を自分ごととして考えよう**と説いているわけです。いかに流麗に的確に問題の所在と解決策を言ってのけたとしても，当事者として自分が何もできないのであれば問題は解決されないままでしょう。

そして，坂井氏が考えを伝えたところ，ゴーン氏はこう返したそうです。

「Just do it !」

すぐにそれをやりましょう！　という意味です。ゴーン氏が「実行の人」だということがよくわかるエピソードです。

　ゴーン氏の，特に日産リバイバルプラン後の経営には賛否両論がありますし，最終的には不祥事で日本を去りました。しかし，そうした後日談は，このときの変革の価値を損なうものではないはずです。

　理屈を言われれば誰でもわかるような理由で，しかし誰も変えられずに自壊していった日産に対して，根気強く現場を訪ね，対話し，「みんなわかっているけど誰にもできない」問題に着手し，変革を実行していったゴーン氏には，組織変革の模範ともいうべき要素が詰まっています。

（3）日産リバイバルプランの成果とその後

　おそらく多くの方がご存じのとおり，日産リバイバルプランは華々しい成果を上げます。日本史上最大の負債を抱えながら1年程度の間に業績をもち直し，2003年には計画より1年前倒しで負債を完済し，日産は再び日本を代表する自動車メーカーとして復活します。

　2008年には世界的な金融危機にもかかわらず被害を比較的小さく抑えるなど，経営危機とよぶべき状況にはならずに現在に至ります。

成長戦略の伸び悩み

　しかし成長という側面に目を向けると，その後の日産は思ったように業績が伸びず，特にトヨタには大きく引き離されていきます。リバイバルプランの成功以降，成長の機会を見出すことができなかったのです。

　この伸び悩みについては，組織の危機における変革の実行に適した経営者（リーダーシップ）と，安定期に入って持続的に成長させることに適した経営者（リーダーシップ）とが異なるという分析が，当てはまりがよいでしょう。

　「リーフ」など，ゴーン氏が特に注力した電気自動車の市場があまり伸びなかったことも一因です。皮肉なことに，ゴーン氏がいなくなった2020年以降，テスラの登場やカーボンニュートラル，SDGs機運の高まりによって社会は電気自動車を認める空気になってきました。組織がいかに環境や社会の雰囲気に翻弄されているか，経営にとっての時機の重要性がわかります。

ゴーン氏の逮捕と逃亡

　また，ゴーン氏の不祥事についても簡単にふれておきましょう。2018年，ゴーン氏は金融商品取引法違反の疑いで逮捕されます。簡単にいえば，役員報酬の過少申告や横領の疑いが理由でした。ゴーン氏が逮捕後の2019年に国外逃亡したことで騒ぎはいっそう大きくなり，ゴーン氏には「罪人」のレッテルが貼られたままになっています。

　経営学が学術である限り，こうした騒動には慎重にならないといけません。**ゴーン氏が逮捕され逃亡したから日産リバイバルプランへの評価が揺らぐわけでもないですし，日産リバイバルプランで活躍したから現在の罪が許されるわけでもありません。**逃亡したとはいえ司法の判断が定まっていない段階で，ゴーン氏の功罪をとやかく言うことも簡単ではありません。

　ただ，ゴーン氏がこのような状況に陥った遠因は考察しましょう。ゴーン氏の罪状は主に会社のお金を私的に流用し，報酬を過少申告していたというところにあります。これが事実であればもちろん法律違反ですが，日産はそれに気付かなかったのかという疑問もあります。

　法的にみればこれはゴーン氏だけの問題ではありません。事実として，2022年の時点で日産に2億円の罰金を科す判決が下されています。日産にも責任があるのです。組織の論理では「個人がやりました。私は知りません」は許されず，監督責任，事後処理責任，さまざまな責任を負うことになります。

　ゴーン氏が日産に着任して以降，ゴーン氏の腹心が日産の上層部に送り込まれていきます。2022年に（罪状のほとんどは無罪の判決ながらも）有罪判決を受けたグレッグ・ケリー氏が代表格です。

　ゴーン氏は着任後，社内公用語，少なくとも重要な会議の言語を英語に設定します。最も重要な会話が英語なので日本人の役員はついていけず，ゴーン氏と側近のやりとりを深く理解できていなかったと推測する声もあります。いずれにせよ，ゴーン氏の力で復活した日産は，その後ゴーン氏の存在感が強いままに，ゴーン氏に翻弄されていたことは否めません。

3　日産リバイバルプランとリーダーシップ

さて，改めて，本章の目的であるリーダーシップの話に戻りましょう。日産リバイバルプランのリーダーは間違いなくゴーン氏でした。そのゴーン氏が，あるいは日産という組織が，いかにリーダーシップを発揮していたかを複数の視点から捉えてみたいと思います。

（1）個人機能説からの解釈

まず第8章のおさらいも兼ねて「リーダーシップ・個人機能説」から日産リバイバルプランを解釈しましょう。つまり，ゴーン氏という個人に注目し，ゴーン氏がいかに変革型リーダーシップを発揮したかについて確認します。

変革型リーダーシップの4つの構成要素を思い出しましょう。①理想化された影響，②モチベーションの鼓舞，③知的刺激，④個別配慮，です。

ゴーン氏の変革型リーダーシップ

①について，部下がゴーン氏のようになりたいと思ったかは定かではありません。しかしメディア対応のうまさもあって，ゴーン氏が日産の象徴となっていたことは事実です。成果が上がる前から，社員を含めた組織内外においてゴーン氏が日産の象徴として「理想化されていた」といえるでしょう。

次に②および④については，これはゴーン氏が非常に得意にしていたことです。クロス・ファンクショナル・チームにしても，セクショナリズムの解消と日産の未来をみすえて中間管理職のモチベーションを向上させ，従業員1人ひとりとも対話をすることに心をくだいていました。

この点では，外国からやってきたリストラを担う経営者というイメージからは想像もつかないような，こまめなリーダーシップを発揮していました。

それらは③の知的刺激にもつながっていたでしょう。日産リバイバルプラン後の伸び悩みは，ゴーン氏のみならず経営陣のアイデア不足が一因ともいえま

す。とはいえ，クロス・ファンクショナル・チームのようなボトムアップのと
りくみをきっかけとして，特に比較的若い社員の知性が刺激されていたことは
容易に想像ができます。

（2）集団機能説からの解釈

では，ゴーン氏個人への注目から少し離れて，今度は集団機能説から考えて
みましょう。日産リバイバルプランを改めてふりかえったときに気付くことが
あります。**日産の苦境を真剣に捉え，変えようとしたのはゴーン氏だけではな
かったということです。**

ゴーン氏が日産に来る以前から，組織変革に必要な問題意識はすでに社内に
あったはずです。何度かとりあげている，経理の安樂氏の「告発」しかり。後
にパイロットとして日産リバイバルプランを背負う中間管理職も，ゴーン氏が
来る以前はいつも居酒屋で会社について語り合っていたそうです。

こうした人々は，ゴーン氏が来てから初めて組織の問題に気付いたのではあ
りません。もう気付いていて，でも実効的な権限がないので何もできなかった
だけなのかもしれません。

問題意識を集団化する

そのように考えると，**日産リバイバルプランにおけるリーダーシップはうま
く分有されていた**といえます。まさにシェアードリーダーシップです。日産リ
バイバルプランという組織の変革にあたっては，問題は組織内ですでにある程
度明らかになっていた。その問題に対してゴーン氏という象徴的リーダーが存
在したと同時に，リーダーシップが分有されつつ問題解決が図られた。こうし
た集団の機能としてリーダーシップが働いたとも解釈できます。

皮肉なことに，第8章で述べたとおり，リーダーシップのジレンマもそのま
ま作用してしまいました。組織変革のためにはゴーン氏のようなリーダーが必
要だったのですが，危機を乗り越えた後の目標達成には適合的でなかったよう
です。それはもちろんゴーン氏個人の問題ではなく，集合的な組織として，成

長の機会を見出せなかったと理解すべきです。

　ともあれ，**ゴーン氏という目立つ個人だけに注目し，それだけが要因だったというのではなく，集団の機能とみなして周りの人々にも注意をはらう，**こうした頭の使い方を，リーダーシップ研究は教えてくれています。

　そして重要なのは，個人機能説と集団機能説は両立し得るということです。どちらかだけが正しいわけではなく，実際にはどちらも作用していたはずです。そういった視点を使い分け，合わせもつことが，多面的にものをみるということとなのです。

ディスカッションポイント

- セクショナリズムを防ぐ手立てはあったでしょうか。あなた自身はどうすればよいと思いますか。
- 「外国人である」「5カ国語を話す」「CMに登場する」といった，組織変革に直接必要ではないゴーン氏個人の要素が，日産リバイバルプランにはどれだけ影響していたでしょうか。議論してみましょう。
- もし日産リバイバルプランが，日産を再建して以降の成長戦略までを射程におくべきだとしたら，どういった戦略が考えられるでしょうか。

注

1　日経産業新聞「日産リバイバルプラン20年　劇的改革，成功と過信」（2019年10月17日）より引用。以下，本章のせりふの引用は本記事からとなる。
　　https://www.nikkei.com/article/DGXMZO51045710W9A011C1X11000/?unlock=1

引用・参考文献

日刊産業新聞「構造改革に挑む／〈6〉総論　国内メーカー(1)」（2002年4月8日）
　　https://www.japanmetal.com/special/special_50.html
法木秀雄『「名経営者」はどこで間違ったのか─ゴーンと日産，20年の光と影』（PHP研究所，2019年）

第10章

変革とイノベーション

本章ではイノベーションという概念を扱います。イノベーションは組織変革に
ニュアンスが近い概念で，組織のなかで新しいものをうみだすことをさします。
ここでわざわざイノベーションをとりあげるのは，イノベーションを組織に認め
させ，社会にアピールし普及させていく過程が，組織変革と似た部分をもつから
です。キーワードは〈正統性〉です。

1 イノベーションとは何か

イノベーション概念を提唱したのはシュンペーターという学者です。おおま
かな定義は「**新しいもの**」だと考えてください。今まで世の中になかった新し
いものをイノベーションとよびます。中国語では「創新」とよぶそうですが，
新しいものを創るという意味で，シンプルでわかりやすい訳です。

経営学におけるイノベーションは，○○イノベーションのようにたくさんの
類型が存在しています。ざっと挙げるとプロセス（工程）イノベーション，ラ
ディカル／インクルメンタルイノベーション，オープンイノベーション，リ
バースイノベーション，などです。

それぞれの意味を詳しくは説明しませんが，本書では**企業がうみだした新し
い製品やサービス**のことをさして，イノベーションという言葉を（狭義で）用
います。なお，企業の場合は研究・開発部門という部署がイノベーションの創

造を担当することが一般的です。

イノベーションの重要性は，第5章の経営戦略論を思い出してもらうとわかりやすいと思います。イノベーションを創出した組織は，他の組織よりも特別な利益を得ることができます。シャープにせよキヤノンにせよ日産にせよ，イノベーションの創出によって他社に対して競争優位を獲得してきました。

そして，イノベーションがうまれることで社会は豊かになります。私たちの生活に欠かせないさまざまな技術は，イノベーションを創出する組織の存在なくしては得られませんでした。「今以上」を求めて新しいものの創造に挑戦することは，社会として受容し，後押ししていくべき活動なのです。

コラム｜新しさは何からうまれる？

イノベーション概念の提唱者であるシュンペーターは，イノベーションを新結合（new combination）とも表現しています。イノベーションとは，すでにあるもの同士の結合によってうまれると考えたのです。実はこれは，イノベーションの本質を捉えた非常に重要な考え方です。

なぜかというと「要素一つひとつは新しくない既存のものであるが，組み合わせが新しい」というイノベーションは一定数存在し，かつ大きな価値をうみだすことが少なくないからです。「カツカレー」も「猫カフェ」も，いうなれば組み合わせの工夫によって価値を発揮しています。

iPhone（スマートフォン）も，登場時はまったく新しい製品として人気を得ました。しかし，iPhoneに搭載された技術は特に新しくはなかったそうです。象徴であるタッチパネルも技術は以前からありました。「ボタンを減らして一つにした」に至っては，足すのでなく引いたことによる新しさでした。

なにか新しいものをうみだしたいときの「定石」としての新結合を，皆さんも覚えておくとよいかもしれません。

（1）イノベーションの困った特徴

しかし，イノベーションにはいくつかの特徴があります。それぞれ，組織に

とってはマネジメントの難しさにつながる特徴です。

▌イノベーションはお金がかかる

　まず，イノベーションにはお金がかかります。研究開発部門への投資を研究開発投資とよびます。企業による研究開発投資はだんだん減っていると指摘されていますが，それでも2020年時点で30社以上の日本企業が，年間500億円以上の研究開発投資をおこなっています[1]。

　この投資は，もしイノベーションが起こせなかったらムダになる投資ですし，かつイノベーションは成功確率が低いことで知られています。研究開発投資は当たれば大きいが無価値になる可能性もあるリスクの高い投資なのです。

　なお，現在の日本で研究開発投資額の１位はダントツでトヨタ自動車です。他社と比較してもまさに「けた違い」の１兆1,000億円を研究開発に投じています。トヨタの業績が良いから研究開発投資ができるのはもちろんですが，たくさんお金をかけるからこそイノベーションがうまれ，トヨタの競争優位につながっているといえます。

▌イノベーションは時間がかかる

　研究開発には非常に時間がかかります。たとえば，創薬つまり薬の開発には10〜15年程度かかります。すぐれたイノベーションに与えられる「大河内賞」を受賞した23事例を調査した武石ほか（2012）によると，賞を受賞したイノベーション事例では平均して10年程度の時間がかかっています。

　ポイントは10年の内訳です。着想，つまりこういうことができると思いついてから製品の開発まで５年程度，そこから事業化まで４年程度かかるのです。**製品はできているが売ることはできないこともあるのです。**

　新しさがあっても，売れると判断されなければ市場への投入は難しい。あるいは営業や販売部門をはじめ他部署との連携がうまくいかない。そういった事情によって「売ること」にも時間がかかります。組織の意思決定の難しさを感じさせる数字です。

　なお余談ですが，イノベーションにざっくり10年かかるのだとしたら，「今」現れたイノベーションは10年前に誰かが思いついたものかもしれないわけです。**つくった側とそれを受け取り消費する側には10年もの時間のギャップがあります**。なかなか大きなギャップです。本書を読んでいる皆さんも「つくる側」「変える側」の視点を意識してみてください。

イノベーションは競争を起こす

　そして，イノベーションは激しい競争を起こします。イノベーションは先行した組織が価値を総取りできる可能性が高まるので，それぞれの組織はいかにライバルより早くイノベーションを達成するかに注意を払わないといけません。

　ちなみに特許を取得できる技術に関しては，先行者が法律で守られることになります。製薬業界は，特許が強力な力をもち，かつ長期にわたって効力をもつ業界の代表です。

早すぎた企業，遅すぎた企業

　世界的にインパクトを残した「日本発」のイノベーションであり，関連研究で3名がノーベル賞を受賞した青色発光ダイオード（LED）という技術があります。この青色LEDには日本を代表する企業がいくつも開発競争に参加していました。結果的に「勝った」のは徳島の日亜化学工業（以下，日亜化学）という会社で，1992-93年にかけて関連技術を開発しました。

　詳しい説明は省きますが，日亜化学はGaN（窒化ガリウム）という物質を用いたLEDを開発していました。同じくGaNを用いていたNTT（日本電信電話）は，なんと1992年3月に社内で研究中止命令を出したそうです。「これ以上やっても無駄だろう」という経営判断がくだされたのでした。

　イノベーションはお金も時間もべらぼうにかかるので，仕方ない面はあります。しかし意味のない仮定ですが，もし開発を続けていたら半年程度で日亜化学より先にイノベーションを実現していたかもしれません。なおNTTは2年後にGaNでの開発を再開しますが，時すでに遅し，でした。

　ほかにZnSe（セレン化亜鉛）を用いていたグループもありました。理屈だけでいえばZnSeで青色LEDを開発しても日亜化学を上回ることはできないため，研究する意味はかなり薄れます。つまり日亜化学がGaNで青色LEDを開発した時点でライバルはZnSeでの開発を諦めるべきだったのです。

　これをいち早く理解したのが東芝で，日亜化学の発表とほぼ同時の1993年に研究中止命令をくだします。東芝はのちに会計不祥事で経営の危機に瀕し会社をバラバラに切り売りする窮地に陥りますが，こうした経営判断はきわめて優れた企業だったといえます。ほかにソニーは1997年まで研究を続け，中止した後はGaNを用いた開発に転進します。NECは96年に開発を中止し転進をはかるもうまくいかなかったそうです。

　もちろん何らかの勝ち目があって継続したのかもしれません。競争のために情報を秘匿することから事後的にしかわからないことが多いものの，はた目には「負け戦」をずるずる続けてしまったようにもみえます。サンクコストを気にしたのかもしれません。組織慣性を感じさせるエピソードです。

（2）イノベーションの予見可能性

　イノベーションはお金もかかるし，時間もかかるし，競争も激しい。それでも勝ち目があるならやる価値はあるのですが，イノベーションはきわめて予見可能性が低い，つまり不確実性が高いという，さらに困った特徴をもちます。

　本書の執筆時点で世の中からはもはや消えつつある製品なのですが，日本の家電メーカーが「ビデオデッキ」の開発競争をしていた時代があります。テレビ放送が国民的な人気を確立し，「ゴールデンタイム」とよばれる夜の時間帯になると家族全員がみんなテレビを観ていた時代を想像してください。

　そして，テレビ放送を録画して視聴するビデオデッキの技術が開発されます。この技術開発の過程で，某大手家電メーカーの方が「わざわざ録画してまでテレビを観ないだろう」と発言したそうです。今テレビ放送は大人気である。19時からの番組を観るために急いで家に帰り，かぶりつきで家族で観ている。わざわざ録画して視聴する需要があるとは思えないと言うのです。

　この予見は現在基準ではまるで外れています。ビデオデッキは後に大ヒット商品になりますし，現在では録画どころか「オンデマンド」で好きな番組を好きなときに視聴する時代に移行しています。もはやオンデマンドになじんでしまって，テレビ番組表のスケジュールに合わせられない人もいるでしょう。

　こうした変化を予見できなかったのは「無能」でしょうか。そんなわけはありません。「素人」でしょうか。むしろ，開発の最前線にかかわっていたプロ中のプロです。そうした方でも判断を誤るくらい，**イノベーションは予見することが難しい**のです。

　以上，イノベーションの困った特徴を挙げました。これらの何が困るかというと，投資意思決定がきわめて難しいのです。勝てば大きな利益になるが，負ければ大損である。10年後にしか結果が出ない。競争も激しいし，プロでも往々にして予測を間違う。こうした案件に投資するか否かの判断を下すのは，非常に難しいであろうことが容易に想像できます。

　では次に，実際の投資意思決定がいかにおこなわれたのかについて，事例をみてみましょう。

2　資金調達の理由は何か？——事例6：iPS細胞研究

　この事例は，今までと違う点があります。対象が企業ではないのです。実は，イノベーション創出のために活動するのは企業だけではありません。大学は，特に科学研究による知識の創造において重要な役割を担ってきました。企業が研究開発投資を減らす傾向があるといわれる近年においては特に，大学と企業が連携する産学連携の重要性が社会的に高まっています。

（1）iPS細胞研究と資源動員

　題材は「iPS細胞」の関連研究です。名前くらいは聞いたことがあるでしょう。現在は京都大学に在籍する山中伸弥氏が中心となって発見されたもので，「万能細胞」ともよばれています。

　たとえば心臓の細胞は一度死んだら復活しません。しかしiPS細胞から心臓の細胞をつくることができれば，心臓を再生できる可能性がうまれます。現在もまだ研究の途上であるものの，医療界に革命を起こし得る技術であるのは間違いありません。山中氏はこの研究で2012年にノーベル賞を受賞します。

　さて，山中氏は2006年にiPS細胞を発見し，所属していた京都大学医学研究科のメンバーと一緒に2007年頃から「資金調達」をおこないます。企業の研究者であれば研究予算は上司を経由して申請します。大学の研究者は，もちろん場合にもよりますが，基本的には国の官庁などに資金の提供を依頼します。

　iPS細胞研究も他のイノベーションと同様にばく大なお金がかかります。数十億円の資金獲得をめざし，まず文部科学省や経済産業省を訪問しました。

　ところが当初は，なかなかよい返事が得られませんでした。要はお金は出せないという雰囲気だったのです。iPS細胞研究のような素晴らしいイノベーションをなぜ評価できなかったのでしょう。iPS細胞研究がイノベーションだったからです。新しければ新しいほど，将来価値を予見することは難しいのです。

イノベーションの理由

　そこで山中氏らは次に，民間企業から支援を受けることを検討します。結果，2008年5月に大和証券グループおよび三井住友銀行などから約20億円の資金を得ることに成功します。大口の資金獲得に成功したその理由は，医学研究科が自らまとめた資料に，次のように記されていました[2]。

◆イノベーションの理由◆

1．リーマンショックが来る前の2007年頃は，失われた10年からの回復傾向が感じられる頃であり，企業業績にも回復傾向が見られていた。
2．企業の社会貢献を投資家向けにアピールする時代でもあった。
3．三井住友銀行は，法人化前の京都大学の主要取引銀行であったみずほ銀

> 行から其の地位を引き継いだばかりの状況であり，メイン銀行としての
> 存在感をアピールしたいとの思惑があった。

　何か気付いたことはあるでしょうか。まず，それぞれの理由を確認しましょ
う。理由１は景気が良かったということです。企業の業績が上向きだったので
大学の研究を支援する余裕があった。〈**経済の論理**〉とでもよびましょう。

　理由２は，企業の社会貢献を投資家にアピールできるという理屈です。支援
をした企業は金融系であり自社でiPS細胞研究をするわけではないですが，再
生医療のような社会的に価値の高い分野への支援が株主らに評価されることで，
企業価値が高まるという理屈です。資本主義市場ならではの考え方で，〈**投資
家の論理**〉とよびましょう。

　最後の理由３は三井住友銀行に限った理由です。大学も銀行からお金を借り
ます。当時は主要取引銀行がみずほ銀行から三井住友銀行に変わったばかりで
した。三井住友銀行としては「この銀行はお金を出してくれる，他行とは違う
な」とアピールしたい意図があり，はりきって投資をしたわけです。競争を意
識した行動という意味で〈**競争の論理**〉とよびましょう。

　このように，iPS細胞研究が大口の投資を勝ち得た背景にはさまざまな論理
がからみあい，関与していました。そして，その多元な論理のなかで注目でき
るのは科学的に価値があるから投資するという〈**科学の論理**〉が見受けられな
いことです。もちろんこの資料はiPS細胞研究に高い価値があることを前提と
して書いているので，省いている可能性もありますが。

　しかし企業の目線からすれば，iPS細胞研究への評価がない（できない）の
は自然です。そもそも金融機関が医学研究を評価できるわけがないからです。
なんだかすごそうだとか，京都大学の先生だから大丈夫だろうとか思ったとし
ても，**iPS細胞研究そのものの価値評価ではなく，他の優先度の高い理由から
イノベーションへの投資が決まったことが推測できます。**

iPS細胞研究の現在

その後もみておきましょう。山中氏のノーベル賞受賞後の2013年から10年にわたり，文部科学省をはじめとして国から総額1,100億円の巨額の支援を受けることが決定しました。しかしその支援が終わるにあたり，2023年からの支援が縮小または打ち切りになるという報道が流れました。京都大学（iPS細胞研究所）がうちだした方針が企業に適合しないといった事情もあるようです。

山中氏は2022年のインタビューで，iPS細胞研究が新しい治療法につながるには15～20年が必要で，これまでの10年の支援は非常にありがたかったと同時に，現在はまだ折り返し地点くらいなのだと発言しています[3]。やはり，イノベーションには気の遠くなるような時間がかかります。

また，アメリカをはじめベンチャー企業や大手の製薬会社もiPS細胞の研究開発をしているため，民間企業との競争も生じます。iPS細胞研究所は収益性よりも公共性，つまり儲かるかよりも必要な医療を社会に届けることを重視するため，民間企業に研究で追い越されることは大きな問題となります。

山中氏は2022年にiPS細胞研究所の所長を退任し，研究に専念するため研究者にもどります。それだけ本腰を入れていることがわかります。2020年にはユニクロ（ファーストリテイリング）の会長兼社長である柳井正氏が，個人の寄付として毎年5億円，総額50億円を支援することが発表されました。

イノベーションを待ち受ける苦難は並々ならぬものです。iPS細胞研究は今後，いかに障壁を乗り越えていくでしょうか。

（2）イノベーションの社会性

iPS細胞研究のケースを読み解くキーワードがイノベーションの〈**社会性**〉です。ここまでみてきたように，イノベーションの実現にはさまざまなステークホルダーが関与します。**たった一つのアイデア，単なる新しい発見がすぐにイノベーションになることはなく，その途上には多くの関門があります。**

社会のなかの安全

iPS細胞研究に時間がかかる理由のひとつは「臨床実験」です。iPS細胞を用いて心臓が再生できる治療法が確立されたとして、重大な副作用が生じることがわかればその方法は使えなくなります。医薬品などの開発では、安全性を確かめるために非常に丁寧かつ厳重な手続きをとらないといけないのです。

イノベーションはただ儲かればよいという話ではなく、安全なのか、害はないのかといった疑問に答えないといけません。そしてイノベーションは新しいものなので今までと同じで安全ですとは簡単に言えず、その検証に非常に時間と手間がかかるのです。

社会のなかの組織連携

また、単一組織だけでイノベーションを実現することは難しく、多様な組織との連携が必要であるという事情もあります。実は青色LEDも、開発後すぐに収益が出たわけではありません。しばらくは適した市場がみつからず、結果的に携帯端末のバックライトに用いられたことで市場が急成長したものの、「画期的な技術ではあるが商品にはならない」ような時期もあったのでした。商業化される場面がみつかってこそのイノベーションなのです。

そして、商業化されるためにはさまざまな関門があります。自社で製造や生産ができればそれで終わりではなく、流通し販売されて消費者のもとに届かなければなりません。そこにはまた多くの組織が関わります。**けっして自社だけでは完結せず、関連他社との協働を経て、社会に受容されることでイノベーションは達成されていく**のです。

3 イノベーションと正統性

そのように、イノベーション創造は高い社会性と隣り合わせです。かつ、イノベーション創造における問題はまだあります。事前予測がしづらいなかで、

どうやってイノベーションのために資源を投じることを納得してもらえるのか
という問題です。

（1）他者の理解をどうやって得るか

　プロでさえ事前予測を間違えるということは，成功できるかもしれないアイ
デアでも簡単に同意をもらえない場合が多いはずです。ビデオデッキの開発も，
iPS細胞研究も，最初は容易に理解を得ることができませんでした。

　その理由の一つは，**ある個人にしかみえない発見や思い込みも含めた主観が**
イノベーションの源泉となるからです。他人に簡単に説明はできないけれど，
こうしたほうが良い気がする。偶然かもしれないけれどすごい発見をした。こ
ういったひらめきや偶然，セレンディピティ（予想外の出会いや幸運）がイノ
ベーションの源泉であるので，同時にそれは，特に初期段階では他人に説明で
きないこともあるわけです。

　どうすれば理解が得られるのでしょうか。場面を，組織内の同意を得ること
に限定しましょう。つまり，研究開発部門に所属する従業員がイノベーション
につながりそうなアイデアを思いついた。しかし上司がOKを出してくれない。
という設定で，どうすれば上司の許可を得てお金や人員といった資源を動員し
てもらい，イノベーションを前進させることができるかという問いについて考
えてみましょう。

ディスカッションポイント

- あなたは，イノベーションにつながりそうなアイデアを思いつきました。社
  内でプロジェクトをつくって推進していきたいのですが，上司がOKを出し
  てくれません。業務外に独りでできる作業ではなく，人員・お金・時間が必
  要です。OKを得るにはどのような手段が考えられるでしょうか。

経済合理性の予見不可能性

「儲かるのだということを説明すればよい」という意見があり得るでしょう。つまり，そのイノベーションがいかに会社に利益をもたらすか説明すればよいのです。たしかに，儲かるならば，会社はやっていいよと言ってくれそうです。

ただ，儲かるかはどうやってわかるのでしょうか。言い換えれば，不確実な未来において儲かるという確証を，客観的に（他人にわかるように）示すことはできるでしょうか。正直なところきわめて難しいと言わざるを得ません。

逆の立場になってみましょう。つまらない表現ではありますが，訴える部下を「論破」するのはとても簡単です。「100%だと言いきれますか」「もし失敗したらどうするんですか」「責任はとれるんですか」。何の中身もないこういった反論に対してイノベーションは無力です。未来の確約がきわめて難しいのがイノベーションの特徴だからです。

別の言い方をすれば，イノベーションは経済的な（儲かるかどうかの）合理性，つまり**経済合理性が事前に説明できない**のです。では余計に，どうすればイノベーションのための資源動員が可能になるのでしょうか。

（2）正統性の獲得

ここで鍵になるのが〈**正統性**〉（legitimacy）です。正統性とは「それが当たり前で適切であることが社会的に認められている知覚」と定義されます。私たちの社会生活においては，正統性を得て当たり前と思われているモノやコトがたくさんあります。

たとえば，就職活動では多くの人がスーツを着ます。ときに，「私服可」と書いてあっても着る人は着るでしょう。これは，スーツを着ることが社会的に適切だと思われている，つまり正統性があるからです。対して，スーツを着ることの「合理的根拠」はあるでしょうか。あるとは思うのですが，万人に納得のいく説明はできないかもしれません。ただ，できなくて別によいのです。

昨今，合理的な説明がないならしなくて（やって）よい，といった意見を聞

くことがあるのですが，不思議な話です。**私たちは説明も要らない当然と思うことを重ねて，社会生活を円滑に回している**はずだからです。やらない理由を探して抗うよりは，さっさとやったほうが効率的なことはたくさんあります（とはいえ，よくよく考えたらおかしな慣習というのももちろんあります）。

イノベーション正当化論

　さて，正統性はイノベーションとどう関係するのでしょうか。iPS細胞研究が民間企業から資金を獲得した際の論理を思い出してください。経済的に余裕がある，投資家の評価がほしい，競争で優位に立ちたい，いずれも正しく適切な論理に思えますし，感覚的にも違和感はありません。

　しかし，「iPS細胞研究」に投資する直接の理由にはなっていないかと思われます。ES細胞でもSTAP細胞でも，対象が変わってもまったく同じ理由が通用すると考えられるからです。ただ，こうした理由によってiPS研究は資源を得て前進していきます。これが**正統性を根拠として資源を得る**ということです。

　なお，イノベーションのための資源動員に正統性が必要だと考える理論のことを〈**イノベーション正当化論**〉とよびます。

4　組織変革とイノベーション

　本章では，イノベーションの話を中心に紹介しました。ただイノベーションと組織変革は似ているようで違った概念です。

（1）組織変革とイノベーションの異同

　まず，組織変革とイノベーションの違いを明らかにしましょう。どちらも「新しくする」という要素は共通しますが違いもあります。組織変革はその名のとおり「組織を変革すること」を意味します。対してイノベーションとは（狭義に）新しい製品やサービスの創出を意味します。**新しさの対象が異なる**のです。

　また，イノベーションは世の中にない新しいものというニュアンスがあります。すでにあるものと差別化されていることが大事なのです。対して組織変革は，以前の組織と変わってはいるのですが，組織そのものが既存の何かに比べて新しいのかは特に問題としません。

　日産リバイバルプランは大々的な組織変革でしたが，企業経営として奇抜で新しいとりくみがあったわけではありません。反対に，まったく変革をしていない組織からイノベーションがうまれることも当然あり得ます。

　このように，組織変革とイノベーションは別のものをさしています。しかし共通する点もあります。それは**抵抗が生じたり同意が得られない場合が多いという問題をかかえる**点です。組織変革もイノベーションも，さまざまな反対に遭遇し，それに負けて実現できないことが多々あります。そのせいで必要な組織変革がなされなかったり，潜在的に可能性のあったイノベーションが潰えてしまうこともあるでしょう。

　そうした問題に対してイノベーション研究では，正統性を得るという視点からの知見が重ねられており，それらイノベーション正当化論の知見は組織変革にも役立つはずです。なので，本章でイノベーションについて学ぶのです。

（2）いかにして正統性を得るか

　しかし，次なる問題も浮上します。正統性を得ればイノベーションが進むとして，どうすれば正統性を得られるのかという問いです。

　この問いについては次のように考えられます。正統性とは社会において正しいとか当たり前と思われる知覚です。すなわち，社会的な権威が強く影響します。実際に武石ほか（2012）が調べたケースでも，社外の専門家がお墨付きを与えたときにはイノベーションが進行しやすかったそうです。社会における機関，専門家，著名人，これらの人や組織の権威を借りる方法が正統性獲得において一番オーソドックスだといえます。

　組織内において，こうした正統化に一番向いているのはやはりリーダーです。「リーダーが言っているから」というだけで正統性が得られる場合もあります。

特に変革型リーダーシップを発揮するカリスマ的なリーダーの場合はなおさらです。**リーダーには正統性を付与する役割がある**とすらいえます。

　第7章のキヤノンの組織変革において，御手洗氏というカリスマ的リーダーの存在は見逃せません。「御手洗社長が言うなら正しいのだ，やるべきなのだ」として，社員が背中を押された場面はあっただろうと推察されます。

　では，リーダーが号令すれば，みな右にならえとばかりに正統性を認知し，イノベーションを支持してくれるのでしょうか。そうではないかもしれない，ということを考えるために，次の章で事例をみていきましょう。

ディスカッションポイント

- イノベーションの特徴をまとめ，興味をもったイノベーションの事例について調べてみましょう。
- 組織変革と正統性との関係を整理し，正統性を得る手段について考えてみましょう。
- 「反対する他者を説得」した経験があれば，それがどのようにおこなわれたか，議論してみましょう。

┃注

1　日刊工業新聞「研究開発費11年連続増　1位トヨタ，1兆1000億円」（2020年8月11日）
　　https://www.nikkan.co.jp/articles/view/567679
2　京都大学大学院医学研究科KUMBL「医学領域」産学連携推進機構「京都大学大学院医学研究科・医学部 産学連携活動10年の歩み（2002-2011）」（芝蘭会，2013年）
3　朝日新聞DIGITAL「米ベンチャーとの競争　iPS山中教授『国の支援ないと実施不可能』」（2022年9月1日）
　　https://www.asahi.com/articles/ASQ8T3S71Q7YUTFL014.html

┃引用・参考文献

武石彰・青島矢一・軽部大『イノベーションの理由―資源動員の創造的正当化』（有斐閣，2012年）
一橋大学イノベーション研究センター編『イノベーション・マネジメント入門』（日経BP

　マーケティング，2001年）
山口栄一「青色発光デバイス」『同志社ビジネスケース　05-03』2005年，1-20頁。

第11章

10年後の未来はどうなったか

事例7：次世代モス開発部

本章では組織変革とイノベーションについて考える事例として，モスフード
サービス（以下，「モス」という）をとりあげます。モスは2011年に「次世代
モス開発部」というイノベーション創出を主目的とする部門を新設しました。イ
ノベーションを起こすために組織を変革したのです。

次世代モス開発部の活動に加えて，第10章でとりあげた〈正統性〉にも注目
してみてください。新しさのある活動は組織で必ず「浮く」でしょうし，新しさ
ゆえの困難が待ち受けます。次世代モス開発部は，どうやってイノベーションを
実現していったのでしょうか。

1　モスフードサービスの概要

「モスバーガー」は日本で生まれたファーストフードです。運営する企業の
正式名称は株式会社モスフードサービス（以下，「モス」）といい，1972年に櫻
田慧氏によって創業された会社です。いまや定番になった「テリヤキバーガー」
の生みの親で，1973年に発売したテリヤキバーガーが大ヒットし，経営が軌道
に乗り始めます。

2022年3月期時点で国内店舗が1,251店舗，海外店舗が449店舗，他の関連
サービスを含めて1,726店舗を展開する一大外食チェーンです。海外店舗は直
近の10年間で約1.5倍に増えており，ここ数年特に海外展開に力を入れている

ことがわかります。また，店舗のほとんどはフランチャイズ店舗です。

（1）フランチャイズビジネス

　フランチャイズシステムはモスのビジネスを分析するうえで重要なので，詳しくふれておきましょう。フランチャイズビジネス（システム）に登場するのは，本部（フランチャイザー）と加盟店（フランチャイジー）です。加盟店は，ロイヤリティとよばれる加盟料を本部に支払ってビジネスをおこないます。本部はその代わりに「看板」を使うことを許可し，製品を卸しノウハウを伝授します。

　具体例を考えましょう。同様にフランチャイズ店舗がほとんどであるビジネスに，コンビニエンスストアがあります。セブン-イレブン本社は，フランチャイズ店舗を経営するオーナーを探しています。希望するオーナーがいれば，お金をもらって「セブン-イレブンの店舗を経営する権利」を与えるのです。

　もちろん権利を与えて終わりではなく，自社製品を卸し，本社のアイデアやノウハウを加盟店に伝えたりもします。お金のやりとりによって関係するという意味では本部にとって加盟店は顧客なのですが，同時にビジネスパートナーでもあるという不思議な関係です。

（2）組織間のパワーバランス

　2019年以降，セブン-イレブンの加盟店をめぐる訴訟がありました[1]。本部は24時間営業することを求めるなかで，ある加盟店が自己判断で時短営業したところ，契約違反でないかとトラブルになったのです。

　2022年6月には加盟店側が敗訴という結果になりましたが，24時間営業に加え「恵方巻」の無理な買取りなど，本部が加盟店に圧力をかけているのでないかという懸念が社会問題になりました。

　つまり，本来は対等な関係である本部と加盟店のパワーバランスは常に安定してはおらず，ときに崩れてしまうのです。フランチャイズビジネスは「顧客」とも「取引先」とも「下請け」とも微妙に異なる（あるいは，そのいずれ

でもある）立ち位置のビジネスであり，両者が良好な関係であるかどうかが成否を分けます。

　なお，モスは昔から加盟店同士の結束が強く，加盟店の裁量をかなり認めた分権的な関係を築いてきたといわれています（犬飼，2003）。

2　次世代モス開発部

　モスが2011年に新部門として設けたのが「次世代モス開発部」でした。公式的に「将来のモスバーガービジネスのフォーマット（店舗，商品，サービス）を開発する機能を集約する」「10年後のモスを，お店，商品，サービスをゼロベースから創造する」と述べられており[2]，**イノベーションをうみだすための組織変革をおこなった**のだと理解できます。

　次世代モス開発部のねらいはかなり意欲的で，10年後モスを牽引するようなイノベーションの創出が至上目的であり，極端にいえばハンバーガーですらなくてよい，と指針が示されていました。事実としてモスは2008年にミスタードーナツと組んで「MOSDO！」というサービスを展開するなど，ハンバーガーショップの枠を超えたイノベーションの創出に熱心でした。

（１）組織変革のきっかけ

　モスが組織変革にふみきった背景にはいくつかの要因があります。まず環境要因として業界規模の落ち込みが挙げられます。外食産業は，差別化が難しく競争のきわめて激しい業界です。そしてある時期から，外食産業間のみならず中食（なかしょく）とよばれるコンビニやスーパーとの競争も激化しました。

　第５章を思い出しましょう。同じ顧客をとりあうことが競争の始まりです。お客さんが「今日のお昼はモスにしようかな，コンビニに行こうかな」と思うのであれば，それが競争関係なのです。

　こうした競争に加えて，人口の影響をもろに受ける業界でもあるので，少子化の社会では業界規模での業績好転はなかなか望めません。外食産業は1997年

からの13年で産業規模が29兆円から23兆円に縮小していました。

　2つ目の背景は，組織内部の事情です。モスは2012年で創業40周年を迎えることとなり「何か新しい動きを模索しないといけないのでは」という危機感が社内にうまれ始めていたそうです。

　また，個人頼みの組織体質も問題だとする意識がありました。創業者の櫻田慧氏はカリスマ的な経営者で，このリーダーに頼って成長してきたという自覚が社内にありました。40周年の節目の時期に，個人への依存を脱して組織として成長したいという思いが組織変革につながったのです。

（2）白紙からの活動

　次世代モス開発部は，当時の社長であった櫻田厚氏（創業者・櫻田慧氏の甥）の発案で設置されました。組織構造としては経営戦略本部に属し，本部長の承認により予算と人員が動員されました。当時の標語は「10年後のモスバーガーをつくる」。まさに，イノベーション推進のための組織変革といえます。

　開発部のリーダーは千原一晃氏（現執行役員，マーケティング本部副本部長兼マーケティング部長）に決まり，千原氏を含めた6名で体制がスタートします。ちなみに6名が多いか少ないかは何とも言えませんが（けっして多くはないでしょう），モスは2022年時点で1,370名の従業員を抱えます。**1,000人を超える大きな組織でも，イノベーションや変革を担う人々はごく少数である**ということがわかる例です。

　当時のメンバーは，設立をふりかえってこう述べていました。

　「正直な感想は『何をするんだろう』。『次世代』という字面も不思議な印象を受けた」
　「われわれの仕事は，白紙の画用紙にものを描いて色をつけていくような業務になると千原氏からよく言われていた」

　6名のメンバーは商品開発や店舗システムなど，各々の部署で経験を積んだプロフェッショナルでした。しかし，改めてモスにイノベーションを起こして

ほしいと言われても，「そういう仕事はしたことがない」というのが正直なところです。

イノベーションの創出を「仕事」にする人は世の中にほとんどいませんが，組織がイノベーションをめざすならば誰かがやらないといけません。リーダーの千原氏はこの状況を「白紙の画用紙にものを描いていく」と表現しました。設立当初は，組織としての経験や知見の蓄積もないところに自分たちで挑戦し，なにか積み上げていかないといけないという状況でした。

（3）具体的なとりくみ

10年後の未来をつくるべく，白紙に絵を描くような活動を進めることとなった次世代モス開発部は，具体的には何をしていたのでしょうか。実際には，大きく3つの活動をおこなっていました。①研究所と実験店舗の設置，②情報収集と集約・分析，③社内ヒアリングです。

研究所と実験店舗の設置

まず研究所と実験店舗の設置です。モスバーガーのような業態のサービス業は，研究開発部門をもつことは実はほとんどありません。製造業が研究開発部門をつくってイノベーションを「組織化」するのに対して，サービス業では臨時のプロジェクトで個人に任せる傾向があります。次世代モス開発部は，比較的少人数ではあるものの，常設の部門をつくった珍しい例でした。

そして2012年に「キッチン・ラボ」を設置します。これは，商品の試作や「システム」設計をできる機能を有した研究所です。キッチン・ラボが主にめざしたのは店舗（キッチン）システムの改善でした。

モスバーガーのようなファーストフードはキッチンの効率化が必須です。10秒出すのが遅れると冷めてしまうという世界観においては，キッチンのつくりこみは重要な課題です。使う機械に加えて，機器の置き場所や配置，動線をいかにつくるかといったことも緻密につくりこまれます。

ここで，本事例の冒頭の本部・加盟店の問題が関係してきます。キッチン・

ラボの設置に伴い，店舗ごとに任されていたシステム改善を本社の研究開発機能からトップダウンでおこなうよう変革したのです。

　モスはもともと加盟店の自律性が強く，システムも店舗ごとに改善していました。しかし，それでは非効率な方法で商品を提供する店もでてきます。そうした品質のばらつきを抑えるために，キッチン・ラボで最適なキッチンシステムを開発し，加盟店にも同じシステムを導入するという方針に転換したのです。

　なお，キッチン・ラボには会議ができるスペースもあり，議論や研修の場所として他部署にも広く開放されていました。

　また2013年には渋谷に「実験店舗」を設置します。これは，新しいサービスや商品を店頭で実際にお客さんに提供する店舗です。新しい製品やサービスは試験や実験をかなり繰り返します。特に安全性試験は必須です。新製品なので品質や機能は向上しているが，不具合が多かったり事故の危険があるようなものは売れません。

　ところが飲食業のようなサービス業では，このテストがときに困難になります。たとえば新しいハンバーガーを開発したとします。アレルギーや味のチェックもおこなった。そこで店舗に導入したところ，他の商品と同時につくると調理プロセスが異なるせいで効率が下がり，お客さんを非常に待たせてしまった。こういったトラブルは顧客満足度を下げると同時に，社内のテストでは防ぎきれない問題となります。

　そこで，実験店舗では新しい製品やサービスを加盟店に先立って提供します。ここでテストマーケティングやコンセプトのブラッシュアップをおこない，改善を重ねて，問題がなければ他店舗に展開するという手順をとります。サービス業では困難とされてきたことに挑んだことからも，モスがイノベーションのための下地を丁寧につくっていたことが伝わります。

情報の収集・集約・分析

　また次世代モス開発部は，キッチン・ラボや実験店舗の設置と同時並行で，ファーストフードに関する情報の収集・集約・分析に積極的に着手していまし

た。

　具体的には店舗での「定点観察」やフィールドワークによる他社研究に，組織として本格的にとりくみ始めました。特定の店舗を一定期間観察したり，ライバルの動向を探るためにアメリカのハンバーガーショップをまわったりしたそうです。そして得られた知識を共有し議論していく。まさに組織学習です。

　もちろん似たようなことは以前もなされていました。過去と違うのは自社でやろうとした点です。以前は調査会社に依頼していたところ，次世代モス開発部の設立をきっかけに，価値のある情報を自社に蓄積する志向に変化しました。次に，暗黙知を明示化したことです。活動から得られたノウハウや知識を数値化し，月1回，社内報で共有していました。

コラム｜暗黙知と形式知

　「暗黙知」とは，暗黙つまり言葉やかたちにされない知識のことです。わかりやすいのは「自転車の乗り方」でしょうか。自転車に乗れる人は多くても，乗り方を説明できる人は多くないでしょう。乗り方を訊かれても「経験だね」とか「ノリだよ」とか答えそうです。勘や経験に裏打ちされ，明確化されていない知識が暗黙知です。

　暗黙知はときに文字に起こすなどして「形式知」化されることがあります。なぜそんなことをするかというと，形式知のほうが他者に伝わりやすく学習しやすいからです。よくできた教科書やマニュアルは形式知化に成功しているといえます。それを読めばわかるようになっているからです。

　世界的に有名になったNonaka（1994）のSECIモデルは，暗黙知の形式知化を説いています。ただ，形式知化さえすれば良いわけではありません。暗黙知は競争優位になり得るからです。他者（社）に簡単に理解できない知識だからこそ意味がある。「親子にのみ代々継がれる職人技」という暗黙知が形式知化されてしまったら，価値を失い廃業になってしまいます。

　また，暗黙知は形式知化できない，あるいはする必要がないこともあります。自転車の乗り方を形式知化するよりは，暗黙知のまま練習したほうが早く乗れるでしょうから。

　次世代モス開発部が情報マネジメントで特に力を入れたのが，フランチャイズ加盟店の調査研究でした。当時1,400店舗あった加盟店の業績と店舗システムにどういった相関があるのかについて，データ収集を本格化したのです。

　先述したようにそれまでのモスでは，加盟店ごとに独自に店舗システムをカスタマイズしていました。まず，それを標準化し極端に非効率な状態を排除できるようにしました。全体の底上げをめざすためです。なお，このように徐々に改善していくイノベーションのことをインクルメンタル（漸進的）イノベーションとよびます。

　しかし，次世代モス開発部のねらいはさらに先にありました。いわく，標準化を進めたとしても，次第に加盟店は自分で工夫をするようになる。ただ従うのでなく，さらに独自の進化を遂げる店舗もあるはずである。そこで「突然変異」をとりこみたいのだというのです。

　つまり，全体で同じことをさせて底上げをねらう。そのうえで，独自の工夫によって突発的に進化した店舗をみつけだし，標準をさらに改良していきたい。こういうねらいが，加盟店の標準化には隠されていたのでした。

　ちなみに，こうした構想のヒントは海外視察にありました。海外でみた店舗のなかに，本社の指定した標準からわざと外れたことをする店舗が少なくなかったことに気付き，ならばその「勝手さ」を逆に活用できないかと考えたのです。獲得した情報を解釈しイノベーションにつなげる流れは，組織学習の好例だともいえます。

社内ヒアリング

　とりくみの三つ目は，これも同時並行でおこなわれた社内ヒアリングです。これは社員をはじめとする関係者に対する聞き取り調査でした。社員，加盟店のオーナー，取引先社員などを対象にして「次世代モス開発部は何をすべきか」「どのようなことを次世代モス開発部に期待するか」「店舗，本社において10年後のモスのあるべき姿は何か」などについてヒアリングしたのでした。

　このヒアリングは，2011年11月から2015年3月までのべ300人程度に実施さ

れた，非常に大規模な調査でした。ちなみに最初のヒアリング対象は櫻田社長だったそうです。

　この調査は，もちろんアイデアを集める意味もありました。イノベーションの源泉になるアイデアがあれば活かしたい。と同時に，単なるヒアリング以上のねらいもありました。千原氏が「共犯をつくる」と表現したものです。

　ヒアリングでは次世代モス開発部に関する質問が中心でした。次世代モス開発部は社内でも全く新しいとりくみで，存在の認知度は高いものの実際に何をしているかは誰も知りませんでした。当のメンバーらが一からつくりあげていたので当たり前といえば当たり前です。

　そこで千原氏は，まず次世代モス開発部の役割や活動内容を知ってもらい，「次世代モス開発部の存在は正しく，当たり前で，適切だ」という理解を促進させました。正統性の獲得です。千原氏は，今後の活動には関係各所の協力が不可欠なので，巻き込むためにまず周囲の認知を高めたと明かしています。

　実際にヒアリングを受けた社員は，千原氏のことは前から知っていたし好印象だった。加えてヒアリングでは，忌憚なく次世代モス開発部について語ってほしいと言われ，思ったことを言えたので信頼関係ができた，と語りました。

　社内ヒアリングは，次世代モス開発部のためにアイデアを出してもらうと同時に，実は次世代モス開発部のことを意識し脳裏に焼き付けるための工夫だったのです。

（4）現場に根ざした正統化

　以上が次世代モス開発部の活動でした。製造業のような組織化された（組織にくみこまれた）イノベーション創造を専門とする部門を社内につくり，まさに組織学習といえる組織的な知識の収集・解釈・記憶をおこない，加盟店とも連携してイノベーションを創出しようと試行錯誤していたことがわかります。

　ただいくつかの疑問もわきます。まず，次世代モス開発部が掲げた目標はたしかにイノベーションであるが，活動はどちらかといえばインクルメンタルイノベーション，つまり段階的な改善であって，ラディカル（急進的）イノベー

ションではありません。10年後のモスをつくるという急進的な目的に合っていないという疑問です。

　また，活動の一環として正統性の獲得をめざしたことを紹介しました。これはイノベーション正当化論に則ると不思議です。なぜなら，次世代モス開発部の設置は最高権力者である社長の発案で経営陣のお墨付きを得て実現したのだから，もともと高い正統性を得ていたはずです。ならば，なぜわざわざこまめな正統性の獲得を続けたのでしょうか。

　こうした疑問について，千原氏は次のように語りました。

　「いきなり新しいことをやるぞと言っても社員がみな動いてくれるとは限らない。まずは段階をふんで，徐々に改革に巻き込んでいけるようにと考えている」

モスカードの導入で起きること

　具体的な例として「MOS CARD（以下，モスカード）」の導入が挙げられます。次世代モス開発部の開設後の2012年，ポイントカードとプリペイドカードを兼ねた「モスカード」が導入されました。これはモスにとっては新しいものの，社会にとってはすでに出現し浸透すらしていたサービスです。しかしモスカードは，**社会にとっては新しくなくとも，モスにとっては組織変革を伴う**ものでした。

　なぜなら，カードの導入にも関係各所の合意と変革が必要だからです。モスカードを用いるのは会計のレジなので，直接の担当は会計処理システムになります。しかし，カードを導入すると会計の時間が変わります。商品をつくって提供する店舗やキッチンのシステムは会計時間も加味して設計されているため，店舗システムの変革も必要です。

　すると商品開発部やシステム部といった関係各部署や，加盟店の合意を得ないと導入できないのです。あるひとつのサービスを導入するにおいても，幅広いステークホルダーの関与があってこそ成立するのです。

ヒアリングを受けたある社員は，次のように語りました。

「特にB to Cの場合，成功のためには営業，店舗など関係各部署とも連携していかないといけなくなるし，新サービスを導入すること自体が大きな変革である。（中略）中枢が必要であり，次世代モス開発部が中枢となって各部署を巻き込むのは大変だが大事なことである」

イノベーションも組織変革も，組織内外のさまざまな協力者がいてこそ実現できるのです。次世代モス開発部の設立と活動は，まったく新しいものをうみだすためには地道な努力と丁寧な対話が重要であることがうかがえる事例だったといえます。

まったく新しいイノベーションや組織変革は，組織慣性によって阻害されてしまいます。権力者のお墨付きがあっても，日々の活動で問題が生じれば，統制の効果も薄れてしまいます。とっぴな構想を「ぶちあげる」こともときに必要ですが，**華々しいイノベーションの裏側における組織の分業と調整，こまめな努力があってこそイノベーションも組織変革も実現する**のです。

3　10年後の未来はどうなったか

最後に，次世代モス開発部のその後にもふれましょう。次世代モス開発部は2015年には次世代モス開発グループと改称され，社内で移設されます。同時に創設メンバーは各部署に異動または復帰し，創設メンバーは事実上の解散となりました。これだけみると「失敗」のようですが，しかし解散にも意図がありました。

（1）イノベーティブな組織

次世代モス開発部の目的はイノベーションの創出にありました。ただしそれは「10年後」の，です。設立から2〜3年で売上に貢献するイノベーションがほしいという話ではありませんでした。

　10年後にイノベーションを起こすためには，具体的な製品・サービスを開発すると同時にコア人材を育成することが大事です。**イノベーションを起こすというよりイノベーティブな文化を養っていくとも表現できます。**

　次世代モス開発部で「イノベーティブな気風」を感じ取った社員は，各部署に散ってイノベーションの伝道師になりました。次世代モス開発部の現場に根ざした活動と理念は一貫しています。他部署を置き去りにしてでも次世代モス開発部が突き抜けるのでなく，関係者を巻き込んで全社的にイノベーションの種をまくことが，10年後のためには必要だと考えていたからです。

未来傾斜の人材育成

　言い方を変えれば，仮に成果が出ない活動であっても関わった社員が学習をしていれば次のイノベーションにつながる可能性があります。イノベーションはきわめて不確実で，成功を導きづらく，全く関係ない理由で推進されたりします。だからこそ，たった一度の試行に一喜一憂してこだわるのは危険でもあります。経営においては長期的な視野をもって経過をみつめることも大事です。

　仮に新サービスが失敗して1年でサービス終了したとして，関わった社員が「なるほど，こうやればうまくいくのかな」など試行錯誤すれば，次の案を実行・実現しやすくなります。モスにおけるイノベーションの組織化は，イノベーティブな文化を養うことにこそ目的があったといえるでしょう。

（2）未来をみすえる変革

　図表5において，次世代モス開発部が設立された2011年以降の業績の推移をみると，2021年以降，売上高は最高を更新し続けています（2023年は予測値）。2022年・2023年は営業利益も高水準の見込みです。10年後の未来のために次世代モス開発部がつくられた10年後に，結果を残していることは特筆すべきでしょう。

　好調の主要因はコロナ禍を乗りきったことにあります。乗りきったというより，むしろ環境の変化に対して機会を見出し成長をとげることに成功しました。

図表5　モスの業績推移

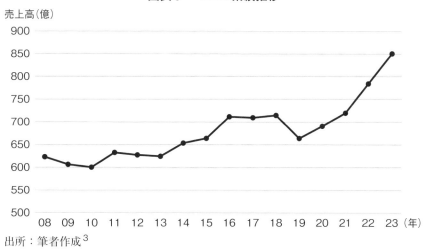

出所：筆者作成[3]

ご存じのとおりコロナ禍は外食産業に大打撃を与えましたが，モスは中食としてのテイクアウトに重点をおいて，いわゆる巣ごもり需要に乗じることに成功します。

　モスはドライブスルーサービスの強化に加え，宅配業者やキャッシュレス決済などの関連インフラの整備もスムーズでした。モスのブランドが確立されており，消費者側がテイクアウトに抵抗感がなかったことも影響しています。

　これらを「たまたまコロナ禍に直面して，たまたま機会を得ただけだ」ということもできます。落ちているお札を拾うようなもの，ですね（第５章を思い出しましょう）。しかし，ならば，コロナ禍で急成長した企業がもっといてもよいとも思えます。モスのような大企業，特に加盟店による外食という**スタイルを確立していた企業が組織変革によって危機を乗りきっている**限り，これを運としてしまうのは早計です。

　モスの成果を紹介する記事に，ぴったりの記述がありました[4]。

　「運の要素も否定できないが，その場しのぎでない経営を意識しているかが，

大きな差を分けたといえる」

「本来，数年先を見据えての施策が，図らずも災厄によって前倒しされ，効力を発揮したに過ぎず，いずれやる必要のある取り組みではあった」

　本章の冒頭で述べたように，人口縮小社会においては従来の外食スタイルが維持されるとは限りません。業態を増やし，海外にも進出し，イノベーティブな工夫をモスは重ねてきました。それらが即時的に爆発的な成長につながったわけではないものの，危機において脅威を機会に変えたダイナミックケイパビリティには注目すべきところがあります。

　繰り返し，「10年後の未来をつくる」ことがミッションだった次世代モス開発部の設立の10年後，モスが組織変革によって危機を乗りきり成長を遂げていることには，偶然ではない裏付けがあると考えるべきです。その背後にあるプロセスを丁寧に追うのが，経営学の役割だといえるでしょう。そして，「10年後の未来をつくる」としてつくられた次世代モス開発部の存在が，10年後の結果につながっていたといえる材料は少なくないのです。

ディスカッションポイント

- モスの組織変革およびイノベーションがどのような志向性のもとおこなわれていたのか，改めて確認しましょう。
- モスの事例における組織学習やリーダーシップの役割について考えてみましょう。

|注

1　事例内の数字やせりふの引用は，特に注記のない限り舟津（2017）より引用。
2　東洋経済ONLINE「セブン，『元店主の乱』の裏で一変した本部の態度」（2022年7月13日）
　　https://toyokeizai.net/articles/-/603349
3　IRBANKよりデータを取得した（2022年9月16日）。

https://irbank.net/E02675/results#c_pl

4　DIAMONDチェーンストアオンライン「コロナ禍でも増収増益の『モスバーガー』が見据える次なる一手」（2021年6月9日）
　　https://diamond-rm.net/management/85565/2/

引用・参考文献

Nonaka, I. 1994. "A Dynamic Theory of Organizational Knowledge Creation." *Organization Science*, 5⑴, 14-37.

犬飼知徳「組織間関係における集合財提供メカニズムの解明——モス・フード・サービスのフランチャイズ・システムを事例として——」『組織科学』第36巻4号，2003年，69-79頁。

舟津昌平「現場に根ざしたイノベーション正統化プロセス——モスフードサービスの『次世代モス開発部』導入を題材とした事例研究——」『日本経営学会誌』第39巻，2017年，26-36頁。

第**12**章

おわりに

組織を変革する人へ

1 改めて，変革とは何か

　本書は一貫して「組織変革」を題材として，経営学のさまざまな理論および経営事例をみてきました。

　組織の変革について世界で最も読まれている論文のひとつであるWeick & Quinn（1999）には，組織変革に関する包括的な理論はまだ確立されていないと述べられています。約20年前の論文ですが執筆現在の2022年も同様だと思われ，未だ「決定版」たる理論は出現していません。

　組織変革はさまざまな要素が関わる非常に複雑な現象であるため，一貫した議論があまりなされていません。本書でも，第6章以降は変革に関わるさまざまな概念を紹介するというスタイルになっています。それでも何とか「包括的」にするために，本書の構成を改めて図表6で整理しました。

　改めて振り返ると，第2章・第3章では，組織変革とは何であるか，なぜ必要であるかについてまず考えていきました。そこでは，組織変革が手段であることや，生存のために必須ではないことがわかってきました。次に第4章・第5章で，経営学において組織変革を積極的に肯定する流れと，可能性や実効性に懐疑的な流れがあることを紹介しました。第6章以降は，関連する重要な概念と事例を紹介しました。

　図表6では第6章以降の概念を「下位概念」と表現しています。組織変革を

図表６　本書における組織変革の整理と構成

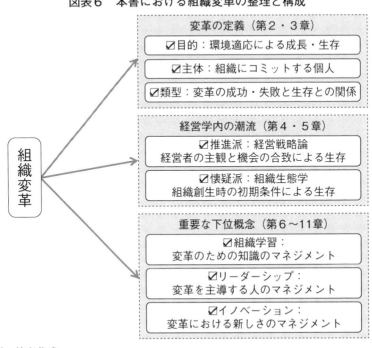

出所：筆者作成

実行するために必要な概念であり，組織変革ありきで扱った概念であるため，下位概念とよぶのです。組織変革について書かれた文献の少なからずは，下位概念（のみ）にフォーカスしています。

　本書に特徴があるとすれば，組織変革の「そもそも論」にかなり紙幅を割いていることです。これは人によっては不要でまどろっこしいとも感じ得る点です。ただ，本書を読み通せば，なんとなくでもそもそも論を繰り返した意味が浮かんでくるのでないかと思っています。

　下位概念のみに絞った議論では，どうしても下位概念がフォーカスされる「転倒」が起きます。変革のためのリーダーシップを論じていたはずが，いつの間にかリーダーだけの話に変わっていたり。同義反復的思考の危険も，常に生じます。そうしたことに配慮した構成にもなっているはずです。

　また，学習の要点となるような論点について，改めてここでまとめておきます。この章までたどり着いた方も，今一度自分の答えを探してみて，わからなければ読み返してみてもらえれば学習効果が高まるはずです。

本書における学習の要点

- ◆　組織変革の目的は何か。それは誰にとっての目的か（第2章）。
- ◆　組織変革の成功と失敗とは何か。何が基準となるのか（第3章）。
- ◆　組織変革は必要であるか。何が変革の阻害要因となるのか（第4章）。
- ◆　組織変革を可能にする組織の能力とは何か（第5章）。
- ◆　組織変革において組織はいかに学習をするのか（第6・7章）。
- ◆　組織変革においてリーダーはどうふるまうのか（第8・9章）。
- ◆　新しいものが生まれるとき，組織に何が起きるのか（第10・11章）。

　ここに挙げたものが大枠としての各章の問いとなっています。これらについて一定の答えが出せれば，組織変革についてかなりの程度，理論的に学習できたといえるでしょう。

2　変革に関わる人へ

（1）受講生の声から

　ここで，実際の講義において，授業アンケートに書かれたコメントを引用します（一部，誤字や語尾を修正しています）。

> 　組織変革を学んで思ったのが，どんだけ疑うねんということだ。まず，そもそも変革が必要か。リーダーはどんな人がいいのか，てかそもそも必要なのか。教科書に載っているような策でも後に疑われてしまう。どんだけ疑って考えても結局「運」

なのかもしれない！　どんだけ導いても答えはない。

　この講義を受講して，とてもシンプルに言ってしまえば，経営学は難しく，はっきりとした答えのない問いも多く存在しているのだと感じました。2回のレポートにおいても，自分の意見を述べているはずなのに，「あれ？自分は賛成，反対どっちの意見で書いていたんだっけ」「この文章を見たらこの意見は合っていると言えるのではないか……」と何度も思考停止してしまうことがありました。考えれば考えるほど自分の書きたいことがわからなくなり，こんなに考えを練り直して取り組んだレポートというのは，大学において初めてなのではないかと思います。

　変革に関わった人は，全く同じことを思うだろうと想像します。組織のために変革に関わりながらも，これは本当に自分のやるべきことだろうかとか，「成功/失敗」とか「賛成/反対」などでわかりやすく表現できないようなことに直面するはずです。組織変革が必要となるのは環境が混沌としているときで，だいたい組織にとって未経験の課題なので，当たり前ではあります。

　本書を読み進めるには〈疑う頭〉が必要だったことでしょう。第4章よろしく，なんと，組織変革は必要ないと言う人もいて，かつそれなりの根拠があります。いろんな文献を読んでいろんな研究者の話を聞くごとに，組織変革の正体はわからなくなります。だから経営学は本当におもしろいとも思います。

　組織変革に関係する経営学の理論が定まっていなくてごちゃごちゃしているのは，きっと，現実の組織変革がそうだからなのです。現実に組織変革に立ち向かう人は対処しきれない複雑さに直面して，端的にはとても表せない複雑な理屈とも闘っていて，それでなお変革を達成していくのです。

　組織変革は本当に難しく，考えれば考えるほどよくわからなくなる事象です。できたら目をそらして生きていきたい，と思う人もいるでしょう。ただ，どこかで誰かがやらないといけないことでもあるはずです。本書が，変革に挑戦する（した）人の知恵になることを願ってやみません。

（2）変革のために変革する

　話が変わります。同時に，今から書くことは，組織変革論の議論をまるでひっくり返す内容かもしれません。何かというと，現実にいる「組織変革のうまい経営者・組織」のなかには，**組織変革に目的などもっていないかもしれない人**がいるという仮説です。どういうことでしょうか。

　経営者に限らず，世の中にはとにかく変革が好きな人がいます。「新しいもの好き」とも似ています。とりあえず何か変えることが習慣化していて，理由も目的もなくとも，環境が変わっていなくとも変えようとする。本書が考える前提とかなり食い違っています。本書では，組織は環境に対処して生き残るために変革することを前提とします。目的は明確です。

　ところが奇妙なことに，目的のない，あえていえば**「変革自体が目的化している」組織のほうがうまくいったりもする**のです。

　パナソニックの創業者・松下幸之助氏は「日に新たな経営」という表現で，常に新しく最良最善であれと説きました[1]。それは，そのほうが儲かるからでも生存しやすいからでもない。そうあることが組織の〈美学〉なのです。

　サントリー創業者の鳥井信治郎氏の口癖は「やってみなはれ」だったそうです[2]。とりあえずやってみることが大事だ，という脱目的的な行動を推奨しているように解釈できます。

　著名な経営者（創業者）の多くはリスクを恐れず，変革を肌感覚で受容し，変革自体を肯定し推奨する性質をもっています。そして組織はそうしたリーダーの気質に同化し，社風として受け継いでいく。そういった「変革を推進する文化」があれば，たしかに組織の強力な武器になります。

　この脱目的的な，つまり目的を特に有さずに変革を推奨する行動が結果的にうまくいく理由の一つは，それだけ組織変革が難しいからだとも思われます。必要なときに手段として用いようとしても，それまで変革してこなかった組織にはとうてい変革できない。強力な慣性が働くからです。

　呼吸をするように変革に着手し，目的がなくとも変革のために変革できると

いうくらい変革のハードルが低くないと達成できないほど，組織変革は難しいのです。

3 | 組織変革に経営学を携えて

　組織変革は本当に難しく，考えれば考えるほどよくわからなくなる事象です。これといった公式も必勝法もなく，ケースバイケースで対処するしかないからかもしれません。ただ，たった一つのきれいな解答を得られなくとも，少しでも正しい解答を求めたり解答のために問題を整理することはできます。

　そんな複雑な事象に対して，改めて経営学（組織変革論）ができることとは何でしょうか。「組織変革のことはわかってきたけど，経営学なんて何の役にも立たないじゃないか」と思った方もいるかもしれません。

（1）経営学は処方箋を与え得るか

　本書が，もし組織変革に挑もうとする，あるいは挑んだ経験のある人に何か寄与できるとすれば，何ができるのでしょうか。思い浮かぶのは，これこれの知識が研究でわかっているので，こうすれば（原因）こうなる（結果）というアドバイスをすることです。たとえばリーダーシップ研究なら，シェアードリーダーシップはチームの連帯感を強められるので，連帯感を高めたければシェアードリーダーシップを意識したマネジメントが効果的である，など。

　ただ，組織変革は関連する因果関係がとても多く，かつ因果関係が簡単に変移する複雑な状況下でおこなうものです。未来を読むような予測的な理論は成立しづらいと思われます。なので，「これをこうすれば組織変革はうまくいく」といった処方箋や特効薬はなかなか提供しづらいのも事実です。

（2）本書の学びを通じて：頭と心の整理のために

　本書のような経営学の知見が与え得るものは，まず**思考の整理**でしょう。

「ああ，ああいう変革のやりにくさは〈**組織慣性**〉ってよぶのだな」

「うちも〈**ダイナミックケイパビリティ**〉を意識してもよいかもしれない」

「〈**ダブルループ学習**〉なんてあるのか。言われてみたら必要だな」

　そういったひらめきが頭に入ってくるだけで，組織変革との向き合い方が変わるはずです。組織変革には利益相反やコンフリクトや，とりあえず複雑なことがたくさん起きます。考えれば考えるほどよくわからなくなるし，変革に主体的に直面した人は，そういった複雑性にきっと悩むはずなのです。**経営学の理論は，その複雑さでごちゃついた頭に，きれいな補助線を引いてくれる**かもしれません。

　あるいは，心の安寧になるかもしれません。組織変革への抵抗にうんざりしていて，なぜこんなにうまくいかないのか。自分に能力がないのか。と落ち込む人は，そうか組織変革ってすごく難しいんだな，慣性が働くのは当たり前なんだな，と気付けば，現実に向きあう気持ちがわくかもしれません。そのような頭と心の整理のための力も経営学はもっているはずです（そんなものしかない，ともいえますが）。

　最後に，本書で紹介した概念からのメッセージを，皆さんに送りたいと思います。

　組織生態学を思い出してみてください。現実は戦争ではないのだから，軍隊のように武装しなくてもそれなりに生きていけるはずです。自分が生かされている生態系の度量の広さを信じてみても，損はないと思います。

　ダイナミックケイパビリティを思い出してください。不確実な社会のなかで，最後の決め手は主観なのです。あなた自身がどう感じるかというセンス（感覚）を鋭く磨いてください。

　イノベーション論を思い出してください。10年後の未来のいしずえは今から始まっています。10年後なんて予測できるわけもないのですが，10年後に何かよいことが起きているように，今の時間を使ってみてください。

注

1　PHP研究所「松下幸之助の名言」
　　https://www.php.co.jp/seminar/m-keieijuku/meigen.html
2　SUNTORY「社風について」
　　https://www.suntory.co.jp/softdrink/recruit/culture/index.html

引用・参考文献

Weick, K. E., & Quinn, R. E. 1999. "Organizational change and development." *Annual Review of Psychology*, 50(1), 361-386.

索　引

著者略歴

舟津　昌平（ふなつ　しょうへい）

1989年奈良県生まれ。2012年京都大学法学部卒業。2014年京都大学大学院経営管理教育部修了，専門職修士（経営学）。2019年京都大学大学院経済学研究科修了，博士（経済学）。京都大学大学院経済学研究科特定助教，京都産業大学経営学部助教・准教授を経て，2023年10月より東京大学大学院経済学研究科講師。2023年，日本ベンチャー学会清成忠男賞（書籍部門）受賞。社会活動として，中央職業能力開発協会ビジネス・キャリア検定試験委員，証券アナリスト（CMA）講座テキスト執筆など。

【主要業績】

「現場に根ざしたイノベーション正統化プロセス：モスフードサービスの『次世代モス開発部』導入を題材とした事例研究」『日本経営学会誌』第39巻，2017年，26-36.

「制度ロジック多元性下において科学と事業を両立させる組織の対応─産学連携プロジェクトを題材とした事例研究─」『組織科学』第54巻第2号，2020年，48-61.

『経営学の入門』第2章・第5章（法律文化社，2021年，具滋承らと分担執筆）.

『制度複雑性のマネジメント』（白桃書房，2023年）.

『越境協働の経営学』（共編著，白桃書房，2023年）.

組織変革論

2023年3月25日　第1版第1刷発行
2024年9月5日　第1版第4刷発行

著　者　舟　津　昌　平
発行者　山　本　　　継
発行所　㈱　中　央　経　済　社
発売元　㈱中央経済グループ
　　　　パ　ブ　リ　ッ　シ　ン　グ

〒101-0051　東京都千代田区神田神保町1-35
電話　03（3293）3371（編集代表）
　　　03（3293）3381（営業代表）
https://www.chuokeizai.co.jp
印刷／㈱堀内印刷所
製本／㈲井上製本所

© 2023
Printed in Japan

ベーシック+プラス
Basic Plus

Let's START!
学びにプラス！
成長にプラス！
ベーシック＋で
はじめよう！

いま新しい時代を切り開く基礎力と応用力を兼ね備えた人材が求められています。

このシリーズは，各学問分野の基本的な知識や標準的な考え方を学ぶことにプラスして，一人ひとりが主体的に思考し，行動できるような「学び」をサポートしています。

教員向けサポート
も充実！

ベーシック＋専用HP

中央経済社